한자능력검정시험 **7**급대비

여기서 나오는 것만 공부하면 급수 만점!

한자 쓰는 순서 (필순)

한자(漢字)는 획(劃)으로 이루어진 뜻 글자입니다. 획이란 글자의 선과 점을 말하며 한번 붓을 대어서 뗄 때까지를 선이나 점이 1획이며 한 글자를 이루는 획을 합한 것이 획수입니다. 한자를 쓰는데는 몇가지 순서가 있는데, 이것을 필순 또는 획순이라고 합니다. 획순은 오랜 세월에 걸쳐 여러 사람의 경험을 통해 정해진 것입니다.

한자는 필순에 따라 써야만 바르고 아름다운 글씨를 쓸 수 있습니다.

1. 위에서 아래로 쓴다.

  三 석(**삼**) ➡ 一　二　三

2. 왼쪽에서 오른쪽으로 쓴다.

  川 내(**천**) ➡ 丿　刂　川

3. 좌우로 대칭이 되는 글자는 가운데 부분을 먼저 쓰고 왼쪽을 다음 오른쪽을 쓴다.

  小 작을(**소**) ➡ 亅　刂　小

4. 가로와 세로가 서로 겹칠 때는 가로를 먼저 쓴다.

  十 열(**십**) ➡ 一　十

5. 가운데를 지나는 획은 나중에 쓴다.

  中 가운데(**중**) ➡ 丶　丨　冂　口　中

6. 허리를 지나는 획은 나중에 쓴다.

女 계집(녀) ➡ 〈 女 女

7. 아래에서 꾸부러지는 획은 마지막에 쓴다.

七 일곱(칠) ➡ 一 七

8. 받침은 나중에 쓴다.

進 나아갈(진) ➡ ′ 亻 亻 亻 亻 亻 亻 隹 隹 進 進

9. 위에서 아래로 에워싼 획은 먼저 쓴다.

力 힘(력) ➡ ㇇ 力

10. 오른쪽 위에 있는 점은 맨 마지막에 찍는다.

代 대신할(대) ➡ 亻 亻 代 代

11. 안쪽에 에워싸는 글자는 바깥쪽부터 먼저 쓴다.

國 나라(국) ➡ 冂 冂 冂 冋 冋 國 國 國 國

12. 삐침(丿)은 파임(乀)보다 먼저 쓴다.

文 글월(문) ➡ 亠 亠 文

7급 150자 부수(部首) 익히기

1획

부수	훈·음	예시		
一	(한 일)	一 (한 일)	七 (일곱 칠)	三 (석 삼)
		上 (윗 상)	下 (아래 하)	不 (아닐 불[부])	世 (인간 세)
丨	(뚫을 곤)	中 (가운데 중)		
丶	(점 주)	主 (임금. 주인 주)		
乙	(새 을)	九 (아홉 구)		
亅	(갈고리 궐)	事 (일 사)		

2획

부수	훈·음	예시		
二	(두 이)	二 (두 이)	五 (다섯 오)	
亻(人)	(사람인변〈사람 인〉)	休 (쉴 휴)	住 (살 주)	
		便 (편할 편)	人 (사람 인)	來 (올 래)	
儿	(어진사람 인)	兄 (형 형)	先 (먼저 선)	
入	(들 입)	入 (들 입)	內 (안 내)	全 (온전 전)
八	(여덟 팔)	八 (여덟 팔)	六 (여섯 륙)	
冫	(이수변, 얼음 빙)	冬 (겨울 동)		
凵	(위터진입구, 입벌릴 감)	出 (날 출)		
刂(刀)	(선칼도방〈칼 도〉)	前 (앞 전)		
力	(힘 력)	力 (힘 력)	動 (움직일 동)	
匕	(비수 비)	北 (북녘 북)		
十	(열 십)	十 (열 십)	千 (일 천)	午 낮 오	事 (일 사)

3획

부수	훈·음	예시		
口	(입 구)	口 (입 구)	右 (오른 우)	同 (같을 동)
		名 (이름 명)	命 (목숨 명)	問 (물을 문)	
囗	(큰입구몸, 에울 위)	四 (넉 사)	國 (나라 국)	
土	(흙 토)	土 (흙 토)	地 (따[땅] 지)	場 (마당 장)

(우측)

부수	훈·음	예시		
夂	(천천히 걸을 쇠)	夏 (여름 하)		
夕	(저녁 석)	夕 (저녁 석)	外 (바깥 외)	
大	(큰 대)	大 (큰 대)	夫 (지아비 부)	天 (하늘 천)
女	(계집 녀)	女 (계집 녀)	姓 (성 성)	
子	(아들 자)	子 (아들 자)	字 (글자 자)	孝 (효도 효)	學 (배울 학)
宀	(갓머리, 집 면)	安 (편안 안)	室 (집 실)	家 (집 가)
寸	(마디 촌)	寸 (마디 촌)		
小	(작을 소)	小 (작을 소)	少 (적을 소)	
山	(메 산)	山 (메 산)		
巛(川)	(개미허리, 내 천)	川 (내 천)		
工	(장인 공)	工 (장인 공)	左 왼 좌	
巾	(수건 건)	市 (시장 시)		
干	(방패 간)	平 (평평할 평)	年 (해 년)	
弓	(활 궁)	弟 (아우 제)		
彳	(두인변)	後 (뒤 후)		
氵(水)	(삼수변, 물 수)	江 (강 강)	洞 (골 동)	
		活 (살 활)	海 (바다 해)	漢 (나라 한)	水 물 수

4획

부수	훈·음	예시		
心	(마음 심)	心 (마음 심)		
戶	(지게 호)	所 (바 소)		
手	(손 수)	手 (손 수)		
攵	(등글월문)	敎 (가르칠 교)	數 셀 수	
文	(글월 문)	文 (글월 문)		

方 (모 방): 方 (모 방), 旗 기 기
日 (날 일): 日 (날 일), 春 (봄 춘), 時 (때 시)
月 (달 월): 月 (달 월), 有 (있을 유)
木 (나무 목): 木 (나무 목), 東 (동녘 동), 校 (학교 교), 村 (마을 촌), 林 (수풀 림), 植 (심을 식)
欠 (하품 흠): 歌 (노래 가)
止 (그칠 지): 正 (바를 정)
毋 (말 무): 母 (어미 모), 每 (매양 매)
氏 (성씨 씨): 民 (백성 민)
气 (기운기엄): 氣 (기운 기)
灬(火) (연화발, 불 화): 然 (그럴 연), 火 (불 화)
父 (아비 부): 父 (아비 부)
牛 (소 우): 物 (물건 물)
月(肉) (육달월, 고기 육): 育 (기를 육)
艹(艸) (초두머리, 풀 초): 萬 (일만 만), 花 (꽃 화), 草 (풀 초)
辶(辵) (책받침, 쉬엄쉬엄갈 착): 道 (길 도)

5획

玉 (구슬 옥): 王 (임금 왕)
生 (날 생): 生 (날 생)
田 (밭 전): 男 (사내 남)
癶 (필발머리): 登 (오를 등)
白 (흰 백): 白 (흰 백), 百 (일백 백)
目 (눈 목): 直 (곧을 직)
示 (보일 시): 祖 (할아비 조)
禾 (벼 화): 秋 (가을 추)
穴 (구멍 혈): 空 (빌 공)

立 (설 립): 立 (설 립)

6획

竹 (대 죽): 答 (대답 답), 算 (셈 산)
糸 (실 사): 紙 (종이 지)
老 (늙을 로): 老 (늙을 로)
自 (스스로 자): 自 (스스로 자)
色 (빛 색): 色 (빛 색)
襾 (덮을 아): 西 (서쪽 서)

7획

言 (말씀 언): 記 (기록할 기), 話 (대화 화), 語 (말씀 어)
足 (발 족): 足 (발 족)
車 (수레 거): 軍 (군사 군), 車 (수레 거[차])
辰 (별 진): 農 (농사 농)
邑 (고을 읍): 邑 (고을 읍)
里 (마을 리): 里 (마을 리), 重 (무거울 중)

8획

金 (쇠 금): 金 (쇠 금. 성 김)
長 (긴 장): 長 (긴 장)
門 (문 문): 門 (문 문), 間 (사이 간)
雨 (비 우): 電 (번개 전)
青 (푸를 청): 青 (푸를 청)

9획

面 (낯 면): 面 (낯 면)
食 (밥 식): 食 (밥. 먹을 식)
韋 (다룸가죽 위): 韓 (한국. 나라 한)

老
(old)

음	늙을 **로**	[6획]
글자풀이	늙다	

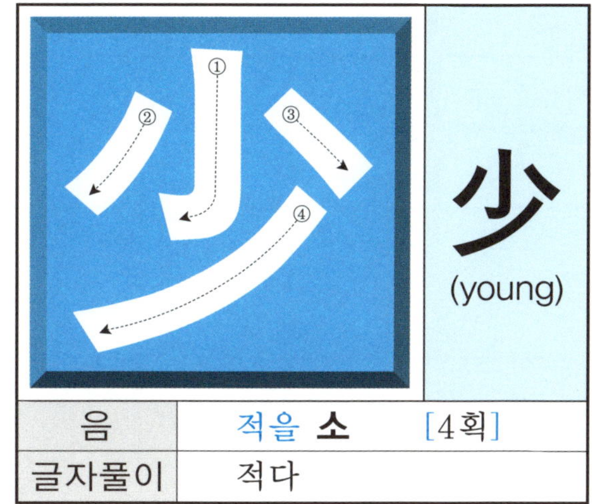

少
(young)

음	적을 **소**	[4획]
글자풀이	적다	

소리내어 읽으면서 차례에 맞게 바르게 써 보세요.

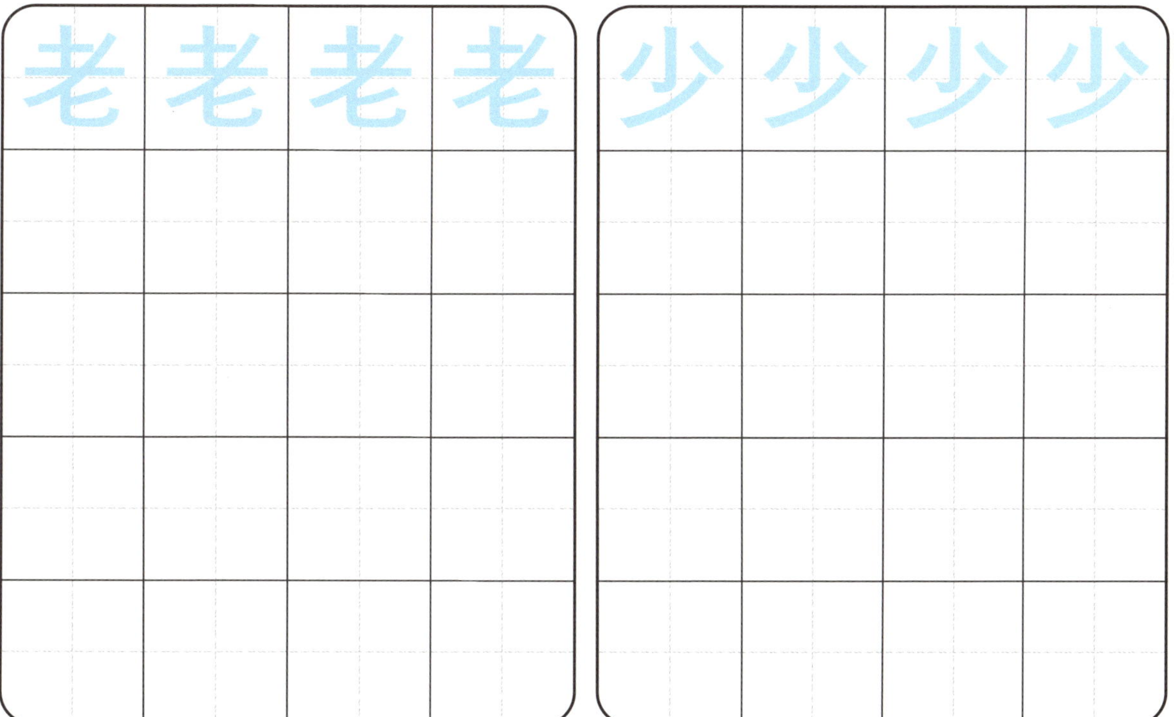

낱말공부를 하여 보세요.

- 老人(노인) : 늙은 사람
- 少年(소년) : 어리지 아니한 남자 아이
- 人 : 사람 **인**
- 年 : 해 **년**

老　老　老　老　少　少　少　火

● 老(로) : 늙을 **로** 　　　　● 少(소) : 적을 **소**

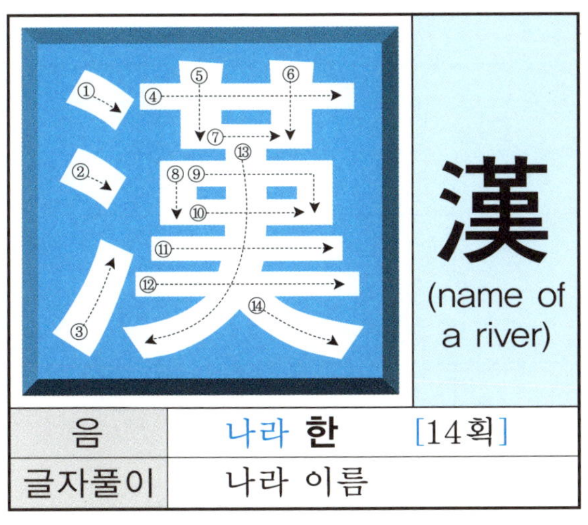

漢
(name of a river)

음	나라 **한**	[14획]
글자풀이	나라 이름	

字
(letter)

음	글자 **자**	[6획]
글자풀이	글자	

소리내어 읽으면서 차례에 맞게 바르게 써 보세요.

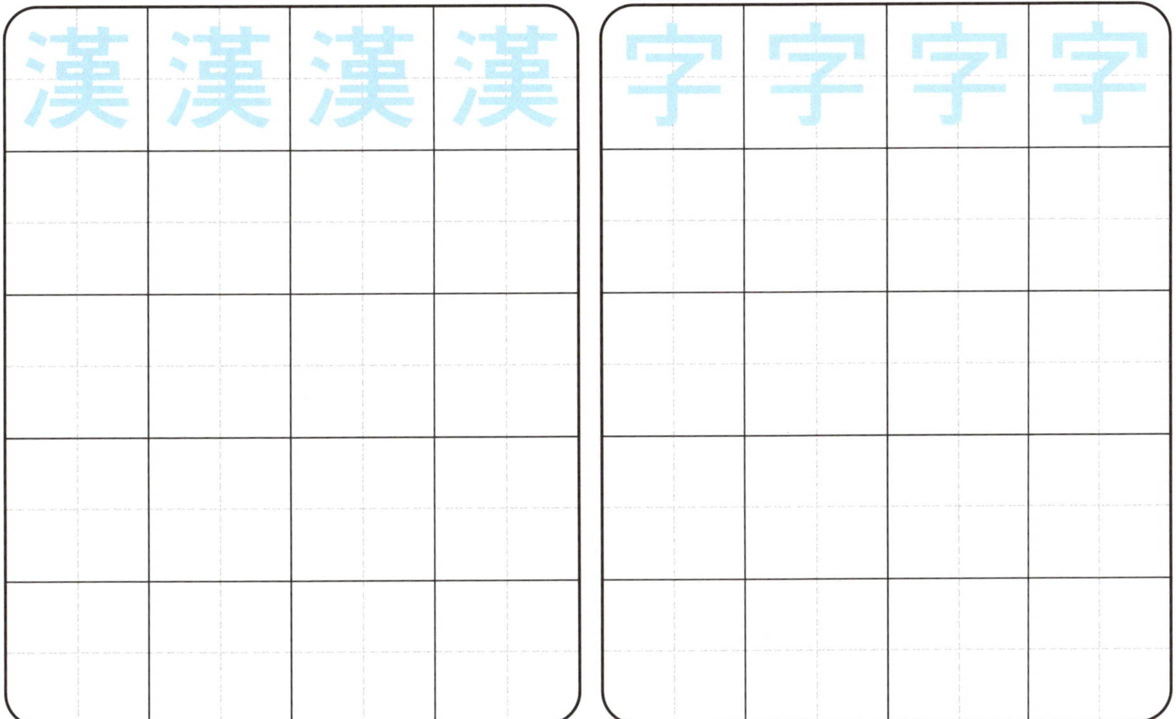

 낱말공부를 하여 보세요.

● 漢果(한과) : 밀가루를 반죽하여 기름에 튀겨낸 과자   ● 果 : 과실 **과**

 소리내어 읽으면서 차례에 맞게 바르게 써 보세요.

漢 漢 漢 漢

字 字 字 字

● 漢(한) : 나라 **한**

● 字(자) : 글자 **자**

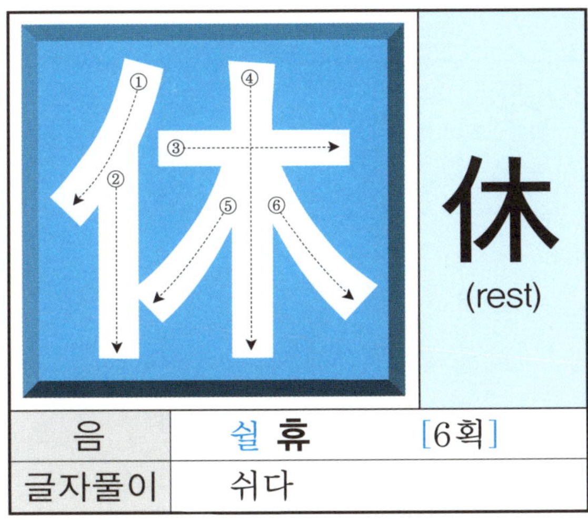

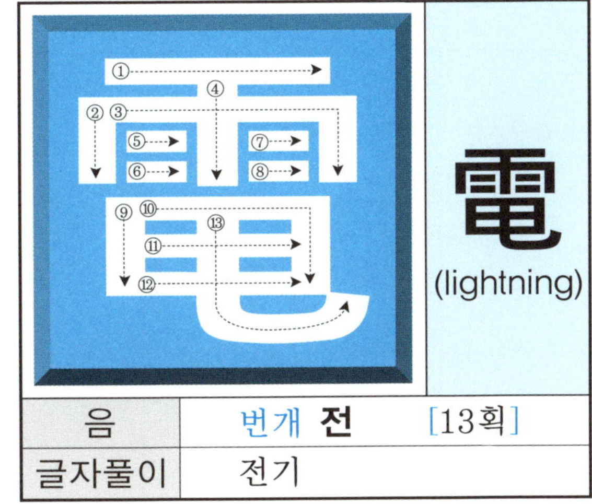

음	쉴 **휴**	[6획]
글자풀이	쉬다	

음	번개 **전**	[13획]
글자풀이	전기	

소리내어 읽으면서 차례에 맞게 바르게 써 보세요.

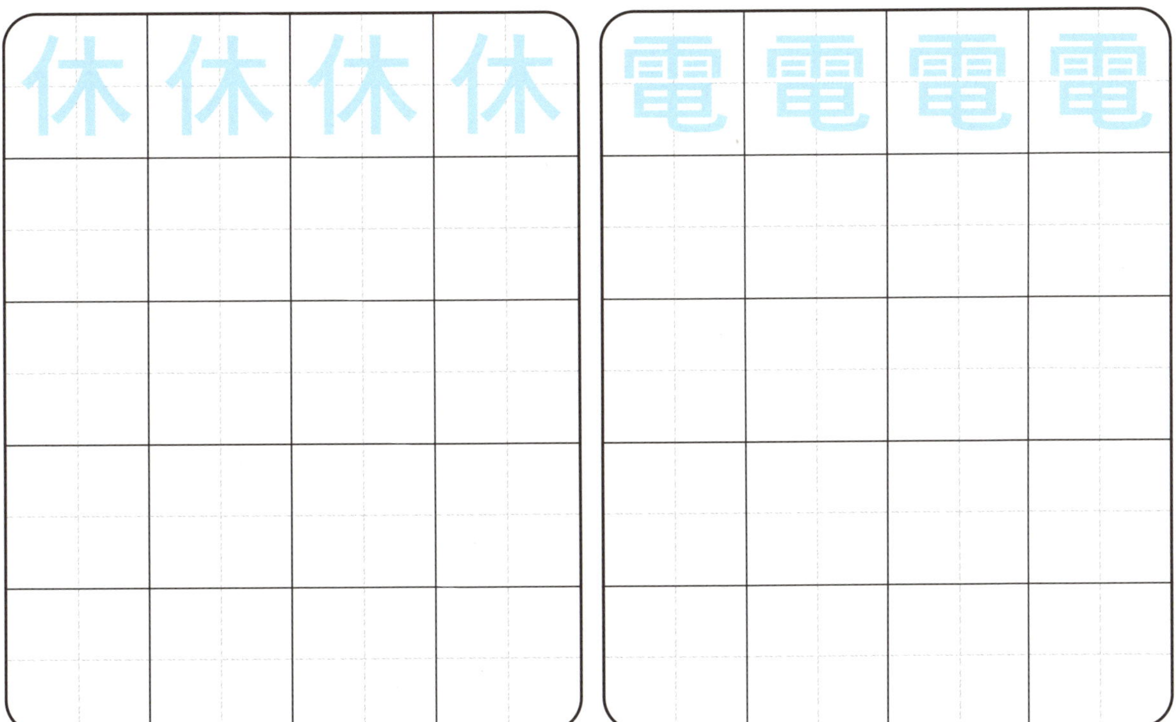

낱말공부를 하여 보세요.

- 休日(휴일) : 일을 쉬는 날
- 電氣(전기) : 전자의 이동으로 생기는 에너지
- 日 : 날 **일**
- 氣 : 기운 **기**

소리내어 읽으면서 차례에 맞게 바르게 써 보세요.

休 休 休 休

電 電 電 電

- 休(휴) : 쉴 **휴**

- 電(전) : 번개 **전**

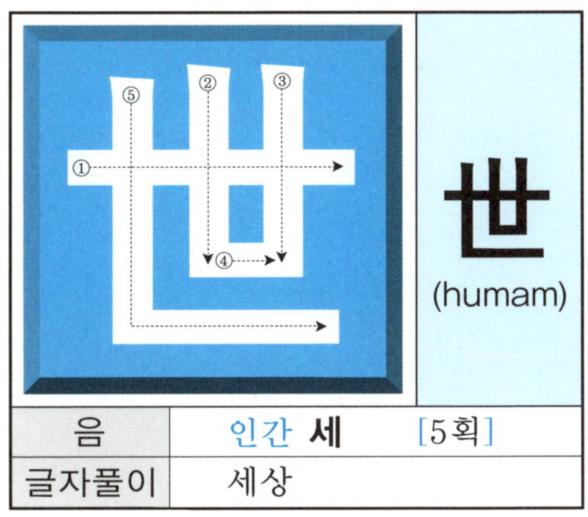

世
(humam)

음	인간 **세**	[5획]
글자풀이	세상	

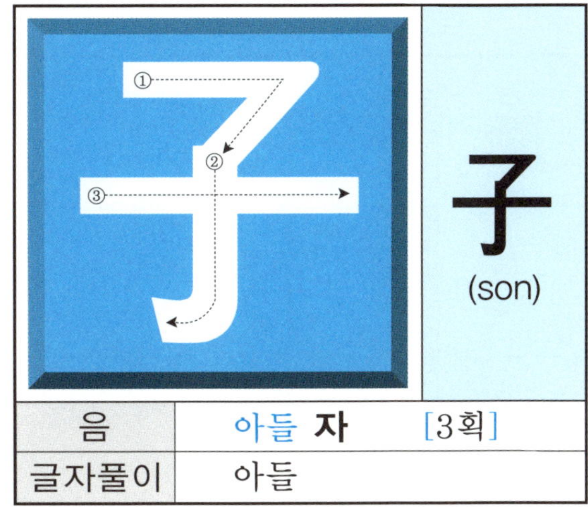

子
(son)

음	아들 **자**	[3획]
글자풀이	아들	

소리내어 읽으면서 차례에 맞게 바르게 써 보세요.

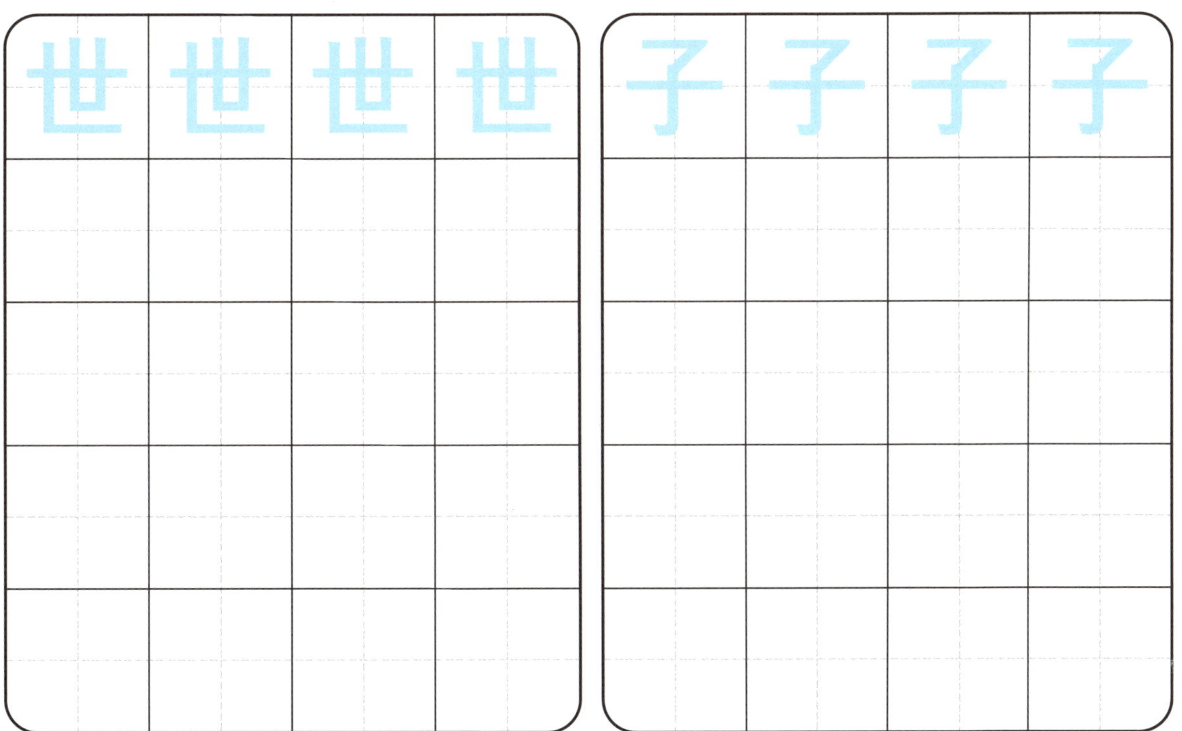

낱말공부를 하여 보세요.

● 世上(세상) : 모든 사람이 살고있는 사회   ● 上 : 윗 **상**

소리내어 읽으면서 차례에 맞게 바르게 써 보세요.

世 世 世 世

子 子 子 子

● 世(세) : 인간 **세**

● 子(자) : 아들 **자**

음	사내 **남**	[7획]
글자풀이	남자	

男
(man, male)

음	편할 **편**	[9획]
글자풀이	편하다	

便
(comfortable)

소리내어 읽으면서 차례에 맞게 바르게 써 보세요.

男便男便男便男便

● 男便(남편) : 혼인을 하여 여자의 짝이된 남자

 소리내어 읽으면서 차례에 맞게 바르게 써 보세요.

男便男便男便男便

男便(남편) : 혼인을 하여 여자의 짝이된 남자

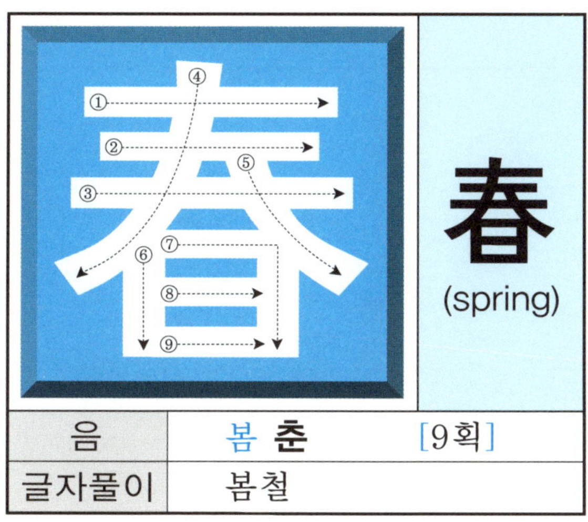

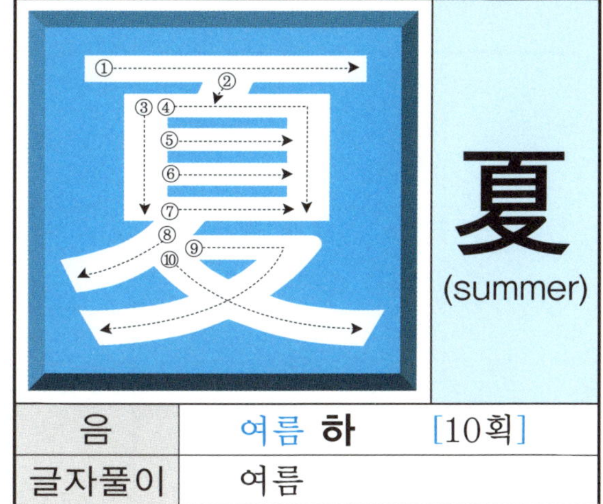

음	봄 **춘**	[9획]
글자풀이	봄철	

음	여름 **하**	[10획]
글자풀이	여름	

소리내어 읽으면서 차례에 맞게 바르게 써 보세요.

春夏春夏春夏春夏

● 春夏(춘하) : 봄과 여름

17

 소리내어 읽으면서 차례에 맞게 바르게 써 보세요.

春夏春夏春夏春夏

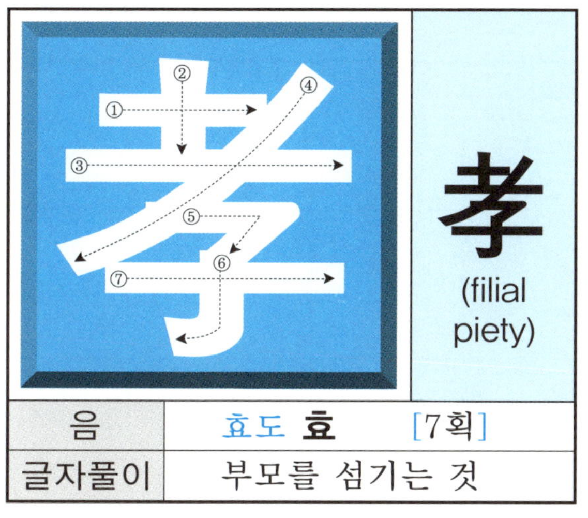

孝		心	
	孝 (filial piety)		心 (heart)

음	효도 **효**　[7획]
글자풀이	부모를 섬기는 것

음	마음 **심**　[4획]
글자풀이	마음

 소리내어 읽으면서 차례에 맞게 바르게 써 보세요.

孝	心	孝	心	孝	心	孝	心

● 孝心(효심) : 효성스러운 마음. 효도하는 마음

 소리내어 읽으면서 차례에 맞게 바르게 써 보세요.

孝 心 孝 心 孝 心 孝 心

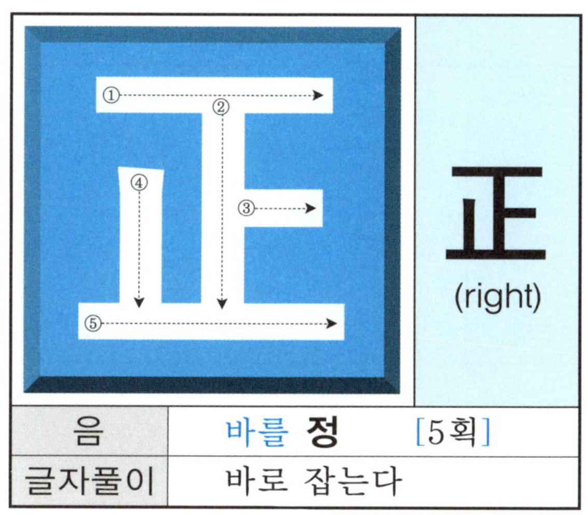

正
(right)

음	바를 **정** [5획]
글자풀이	바로 잡는다

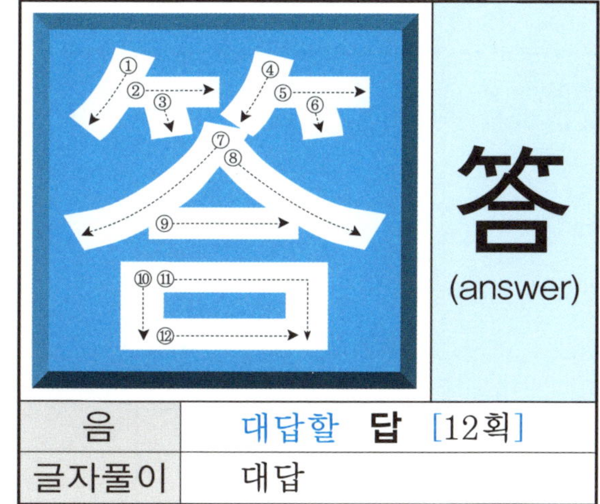

答
(answer)

음	대답할 **답** [12획]
글자풀이	대답

소리내어 읽으면서 차례에 맞게 바르게 써 보세요.

正答正答正答正答

● 正答(정답) : 옳은 답

 소리내어 읽으면서 차례에 맞게 바르게 써 보세요.

正答正答正答正答

● 正答(정답) : 옳은 답

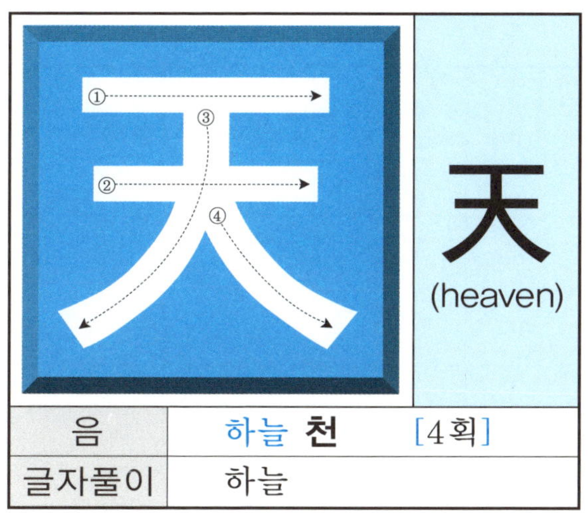

음	하늘 **천**	[4획]
글자풀이	하늘	

天
(heaven)

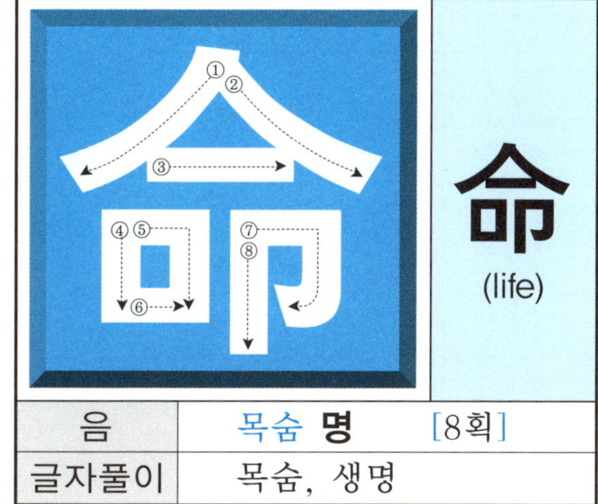

음	목숨 **명**	[8획]
글자풀이	목숨, 생명	

命
(life)

소리내어 읽으면서 차례에 맞게 바르게 써 보세요.

天	命	天	命	天	命	天	命

● 天命(천명) : 타고난 수명

소리내어 읽으면서 차례에 맞게 바르게 써 보세요.

天命天命天命天命

● 天命(천명) : 타고난 수명

24

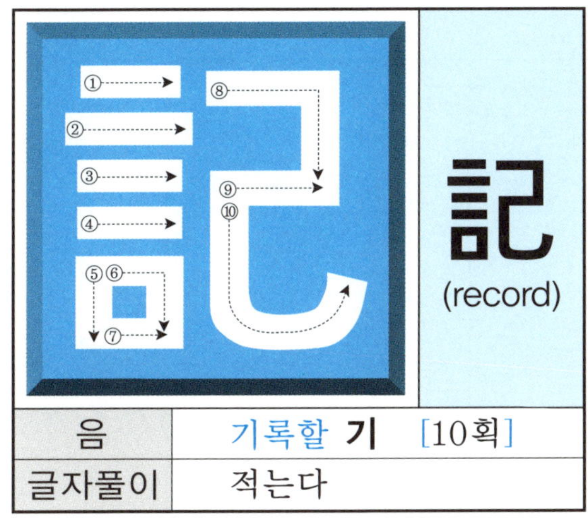

년 월 일 요일 날씨

記
(record)

음	기록할 **기** [10획]
글자풀이	적는다

入
(enter)

음	들 **입** [4획]
글자풀이	들어가다

소리내어 읽으면서 차례에 맞게 바르게 써 보세요.

記	入	記	入	記	入	記	入

● 記入(기입) : 적어 넣음. 장부에 ~하다

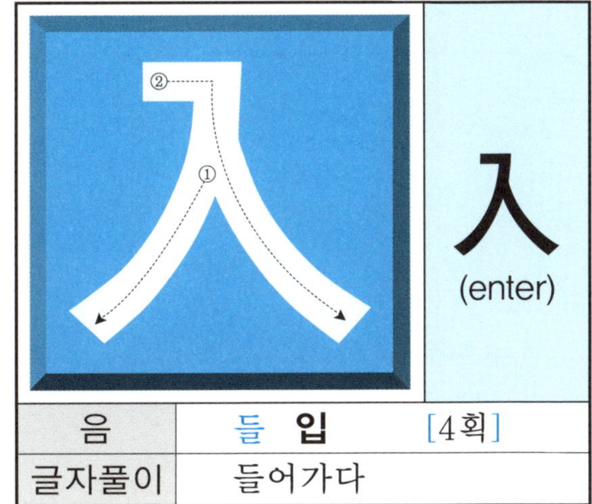

 소리내어 읽으면서 차례에 맞게 바르게 써 보세요.

記入記入記入記入

● 記入(기입) : 적어 넣음. 장부에 ~하다

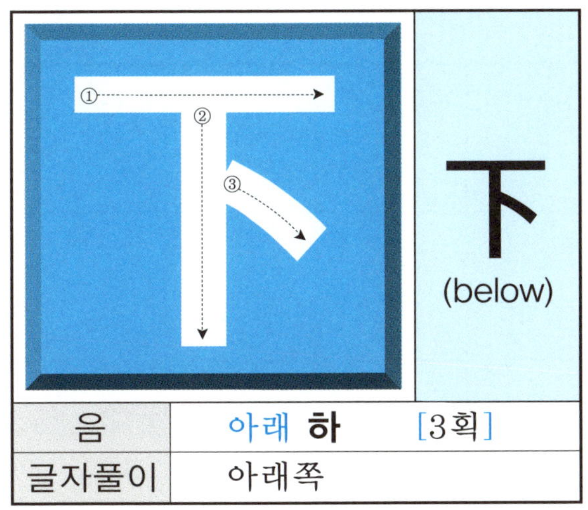

년 월 일 요일 날씨

下
(below)

음	아래 **하** [3획]
글자풀이	아래쪽

車
(cart)

음	수레 **거/차** [7획]
글자풀이	수레

소리내어 읽으면서 차례에 맞게 바르게 써 보세요.

下	車	下	車	下	車	下	車

● 下車(하차) : 차에서 내림

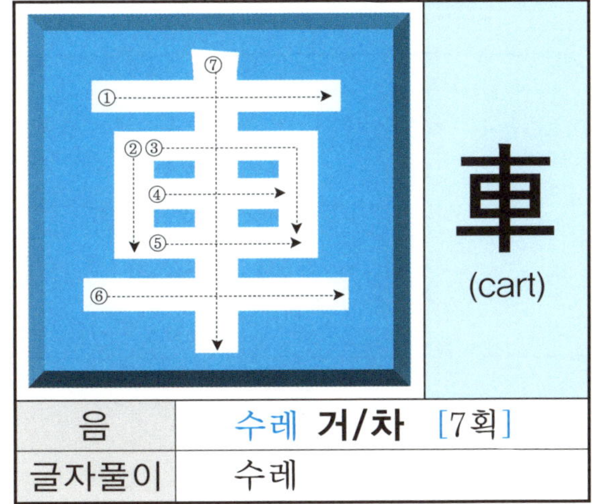

 소리내어 읽으면서 차례에 맞게 바르게 써 보세요.

下車 下車 下車 下車

● 下車(하차) : 차에서 내림

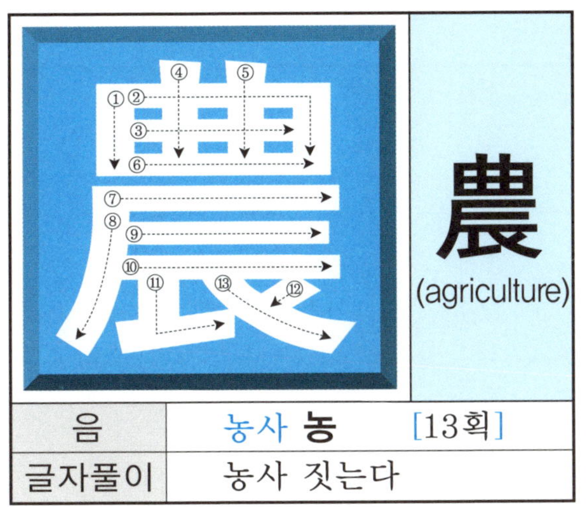

음	농사 **농**	[13획]
글자풀이	농사 짓는다	

農
(agriculture)

음	백성 **민**	[5획]
글자풀이	국민	

民
(people)

소리내어 읽으면서 차례에 맞게 바르게 써 보세요.

農	民	農	民	農	民	農	民

● 農民(농민) : 농사짓는 일을 생업으로 삼는 사람

 소리내어 읽으면서 차례에 맞게 바르게 써 보세요.

農民 農民 農民 農民

● 農民(농민) : 농사짓는 일을 생업으로 삼는 사람

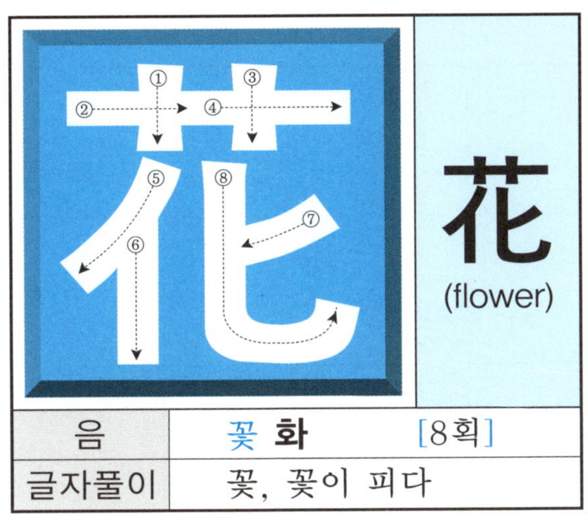

음	꽃 **화**	[8획]
글자풀이	꽃, 꽃이 피다	

花
(flower)

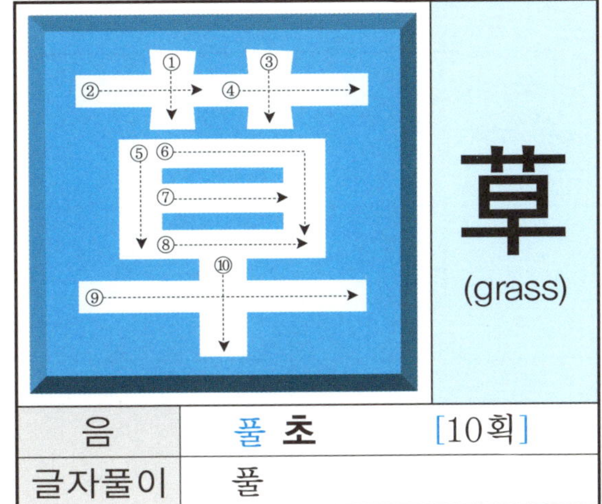

음	풀 **초**	[10획]
글자풀이	풀	

草
(grass)

소리내어 읽으면서 차례에 맞게 바르게 써 보세요.

花草花草花草花草

● 花草(화초) : 꽃이 피는 풀이나 나무

 소리내어 읽으면서 차례에 맞게 바르게 써 보세요.

花草花草花草花草

● 花草(화초) : 꽃이 피는 풀이나 나무

년 월 일 요일 날씨

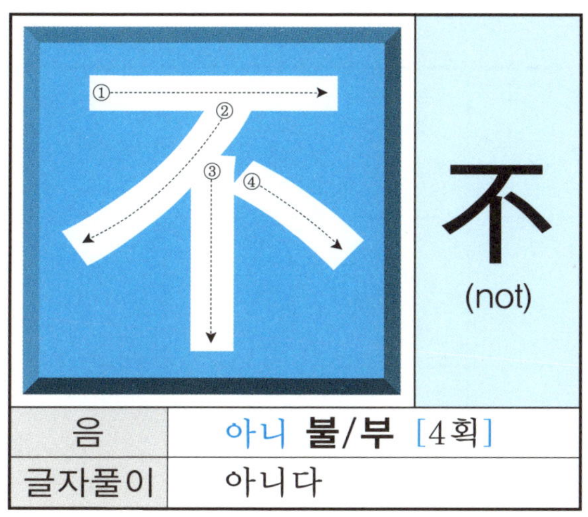

不

(not)

음	아니 **불/부** [4획]
글자풀이	아니다

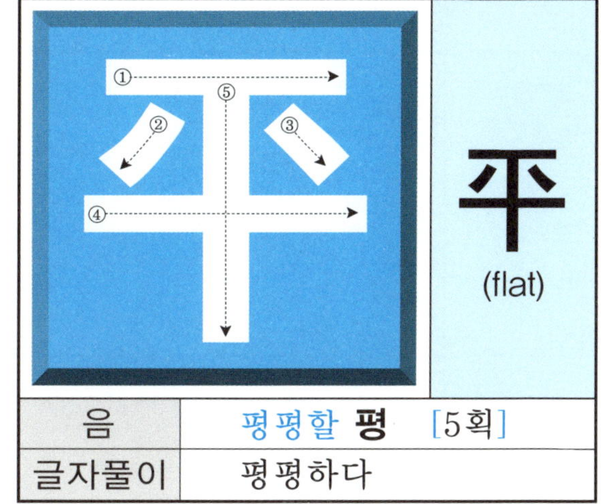

平

(flat)

음	평평할 **평** [5획]
글자풀이	평평하다

소리내어 읽으면서 차례에 맞게 바르게 써 보세요.

不 平 不 平 不 平 不 平

- 不平(불평) : 마음에 들지 아니하여 못마땅하게 여김

 소리내어 읽으면서 차례에 맞게 바르게 써 보세요.

不平 不平 不平 不平

● 不平(불평) : 마음에 들지 아니하여 못마땅하게 여김

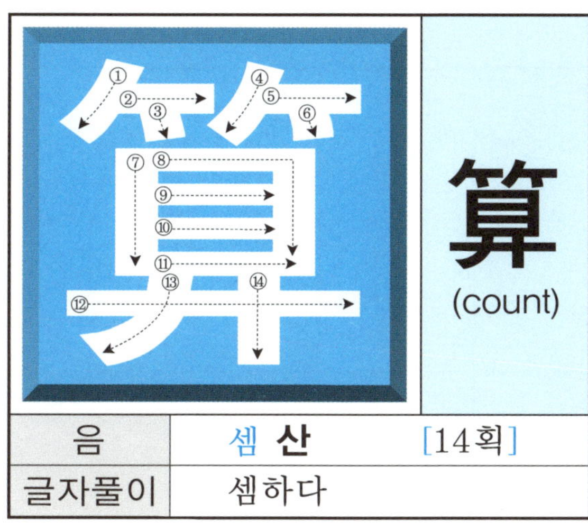

算
(count)

음	셈 **산**	[14획]
글자풀이	셈하다	

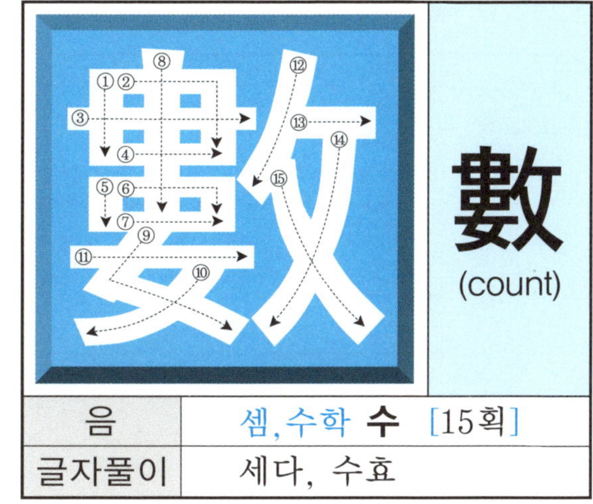

數
(count)

음	셈,수학 **수**	[15획]
글자풀이	세다, 수효	

소리내어 읽으면서 차례에 맞게 바르게 써 보세요.

算	數	算	數	算	數	算	數

● 算數(산수) : 수량에 관한 기초적인 계산

 소리내어 읽으면서 차례에 맞게 바르게 써 보세요.

算數算數算數算數

● 算數(산수) : 수량에 관한 기초적인 계산

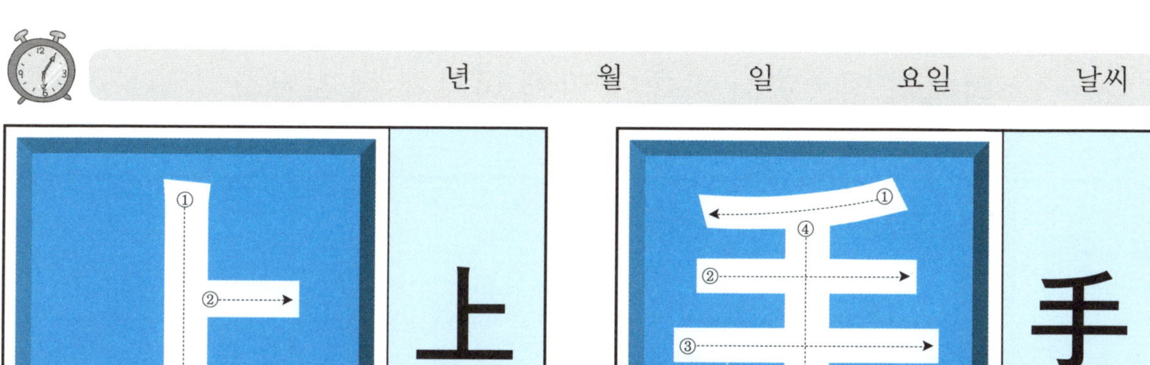

년 월 일 요일 날씨

上 (above)	
음	위 **상** [3획]
글자풀이	위, 높은 쪽

手 (hand)	
음	손 **수** [4획]
글자풀이	손

소리내어 읽으면서 차례에 맞게 바르게 써 보세요.

上	手	上	手	上	手	上	手

- 上手(상수) : 학문 기능 등이 남보다 뛰어남

 소리내어 읽으면서 차례에 맞게 바르게 써 보세요.

上 手 上 手 上 手 上 手

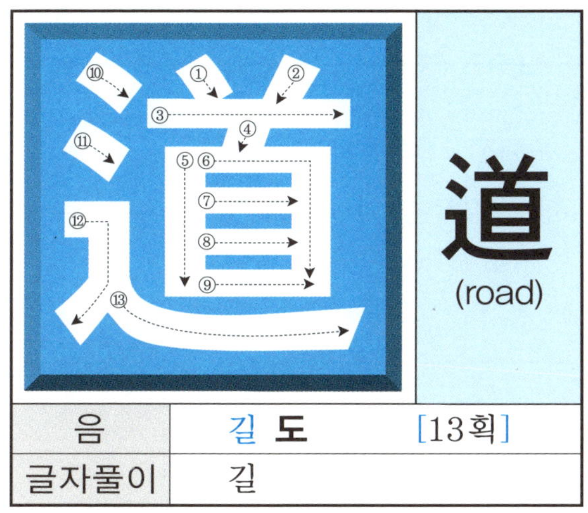

음	길 **도**	[13획]
글자풀이	길	

道
(road)

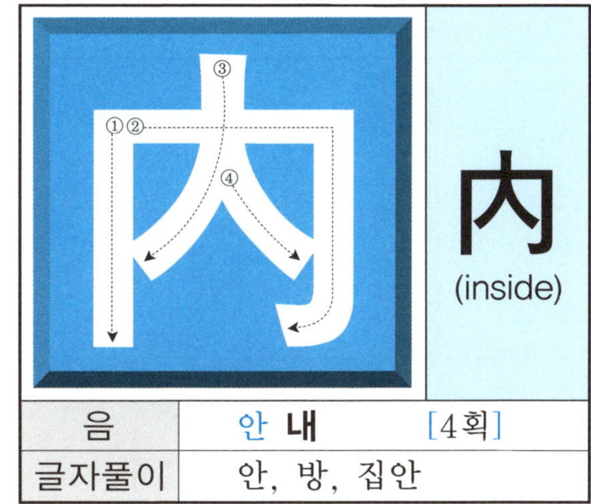

음	안 **내**	[4획]
글자풀이	안, 방, 집안	

内
(inside)

소리내어 읽으면서 차례에 맞게 바르게 써 보세요.

道	内	道	内	道	内	道	内

● 道内(도내) : (행정구역의) 한 도의 구역 안

 소리내어 읽으면서 차례에 맞게 바르게 써 보세요.

道内 道内 道内 道内

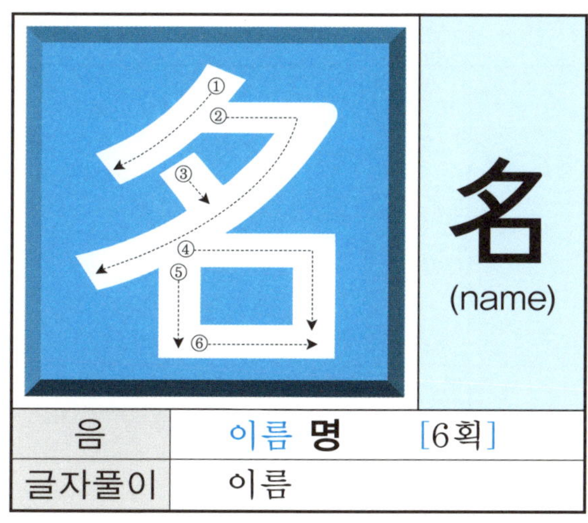

음	이름 **명**	[6획]
글자풀이	이름	

음	물건 **물**	[8획]
글자풀이	물건	

소리내어 읽으면서 차례에 맞게 바르게 써 보세요.

名	物	名	物	名	物	名	物

● 名物(명물) : 유명한 물건, 그 지방 특유하고 이름난 물건

 소리내어 읽으면서 차례에 맞게 바르게 써 보세요.

名物名物名物名物

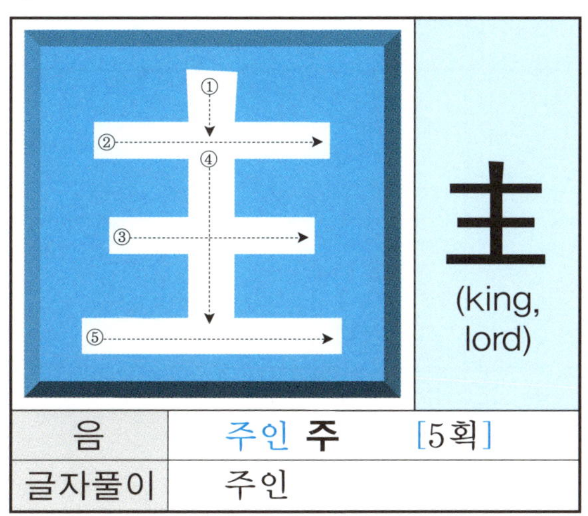

년 월 일 요일 날씨

主

(king, lord)

음	주인 **주** [5획]
글자풀이	주인

食

(food)

음	밥 **식** [9획]
글자풀이	밥

소리내어 읽으면서 차례에 맞게 바르게 써 보세요.

主	食	主	食	主	食	主	食

- 主食(주식) : 주식물, 쌀을 ~으로 하다.

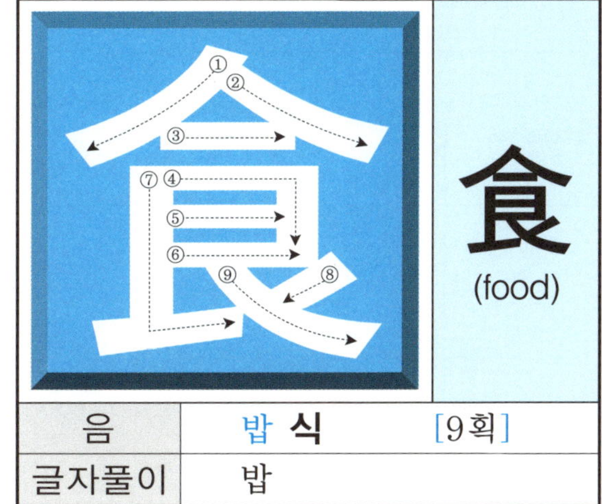

 소리내어 읽으면서 차례에 맞게 바르게 써 보세요.

● 主食(주식) : 주식물, 쌀을 ~으로 하다.

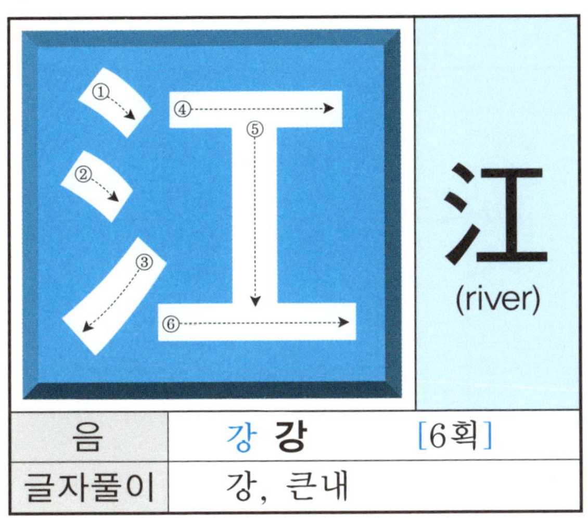

江
(river)

음	강 **강**	[6획]
글자풀이	강, 큰내	

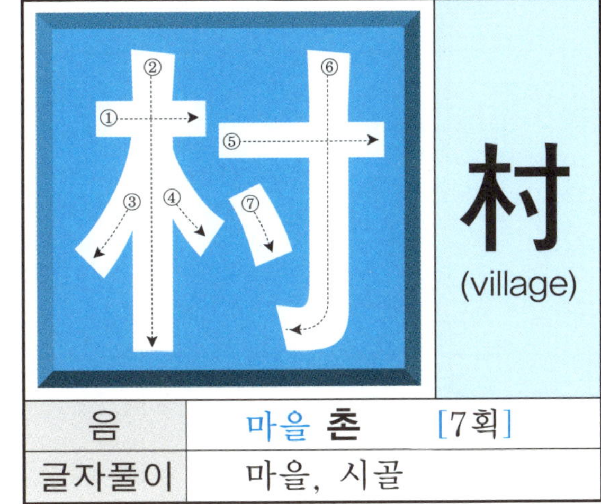

村
(village)

음	마을 **촌**	[7획]
글자풀이	마을, 시골	

소리내어 읽으면서 차례에 맞게 바르게 써 보세요.

江 村 江 村 江 村 江 村

● 江村(강촌) : 강가의 마을

소리내어 읽으면서 차례에 맞게 바르게 써 보세요.

江村 江村 江村 江村

● 江村(강촌) : 강가의 마을

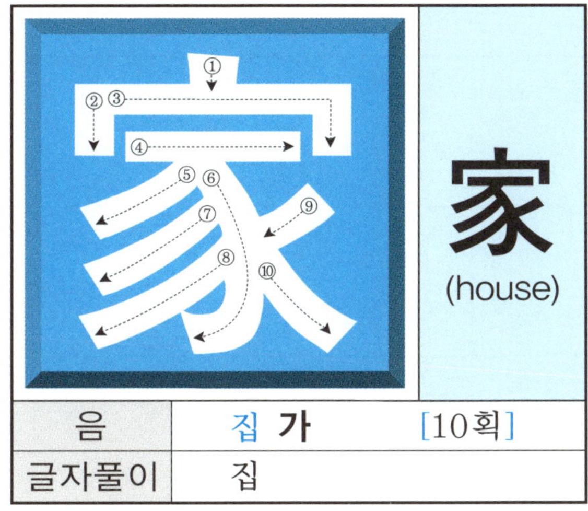

년 월 일 요일 날씨

家
(house)

음	집 **가** [10획]
글자풀이	집

事
(business)

음	일 **사** [8획]
글자풀이	일, 일거리

소리내어 읽으면서 차례에 맞게 바르게 써 보세요.

家	事	家	事	家	事	家	事

● 家事(가사) : 집안 살림에 관한 일

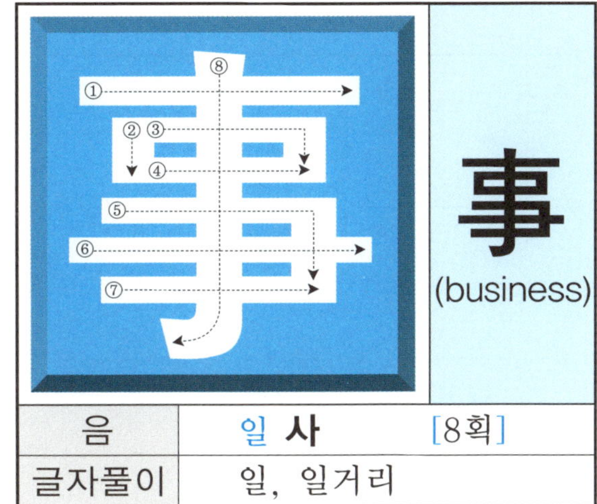

 소리내어 읽으면서 차례에 맞게 바르게 써 보세요.

家事家事家事家事

● 家事(가사) : 집안 살림에 관한 일

년 월 일 요일 날씨

同

(same)

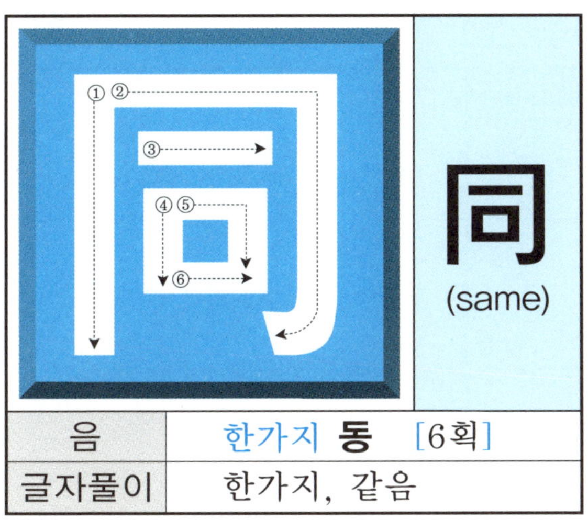

음	한가지 **동** [6획]
글자풀이	한가지, 같음

文

(sentence)

음	글월 **문** [4획]
글자풀이	글월

소리내어 읽으면서 차례에 맞게 바르게 써 보세요.

同	文	同	文	同	文	同	文

- 同文(동문) : 같은 문자나 문장
- 同門(동문) : 같은 학교나 같은 스승 밑에서 배움
- 門 : 문 **문**

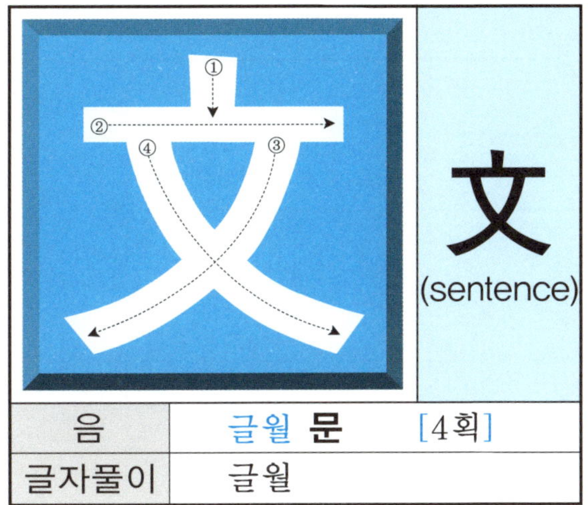

 소리내어 읽으면서 차례에 맞게 바르게 써 보세요.

同	文	同	文	同	文	同	文

● 同文(동문) : 같은 문자나 문장
● 同門(동문) : 같은 학교나 같은 스승 밑에서 배움　　● 門 : 문 문

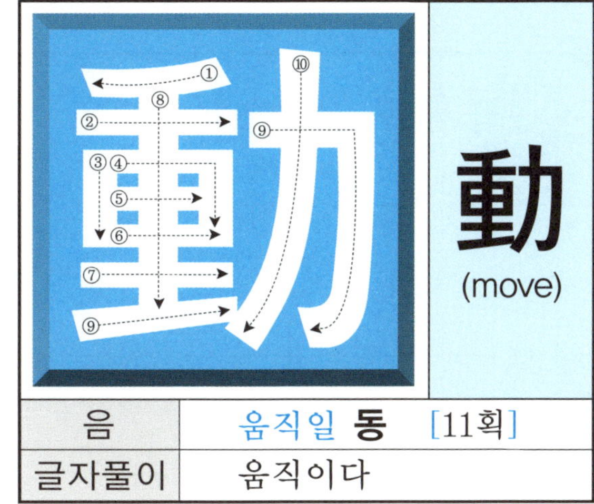

음	땅 **지**	[6획]
글자풀이	땅	

음	움직일 **동**	[11획]
글자풀이	움직이다	

소리내어 읽으면서 차례에 맞게 바르게 써 보세요.

地	動	地	動	地	動	地	動

● 地動(지동) : 지진

 소리내어 읽으면서 차례에 맞게 바르게 써 보세요.

地 動 地 動 地 動 地 動

● 地動(지동) : 지진

52

년 월 일 요일 날씨

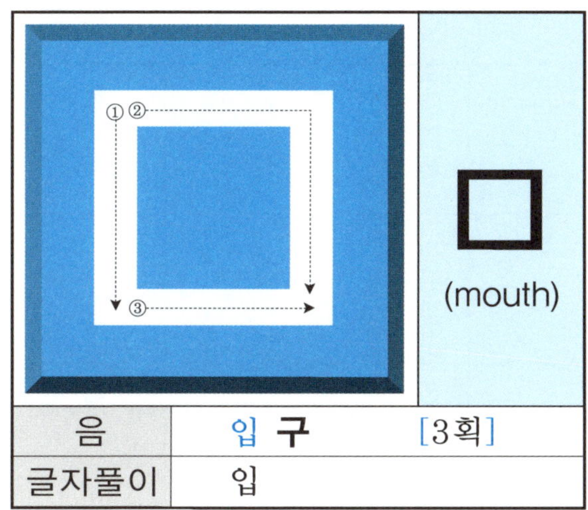

口

(mouth)

음	입 구 [3획]
글자풀이	입

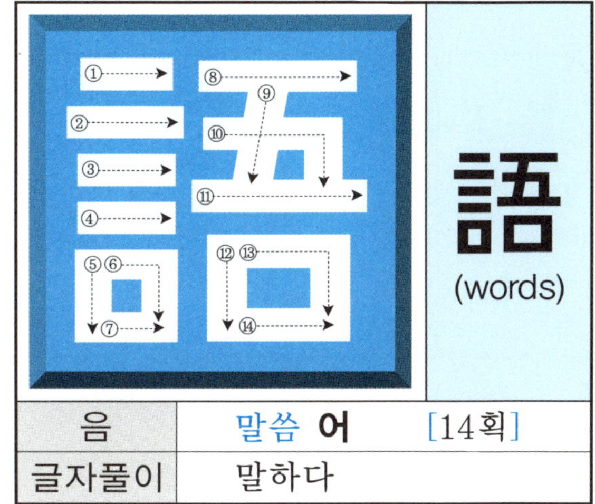

語

(words)

음	말씀 어 [14획]
글자풀이	말하다

소리내어 읽으면서 차례에 맞게 바르게 써 보세요.

口	語	口	語	口	語	口	語

- 口語(구어) : 일상적인 대화에 쓰는 말
- 入口(입구) : 들어가는 곳

 소리내어 읽으면서 차례에 맞게 바르게 써 보세요.

口	語	口	語	口	語	口	語

- 口語(구어) : 일상적인 대화에 쓰는 말
- 入口(입구) : 들어가는 곳

년	월	일	요일	날씨

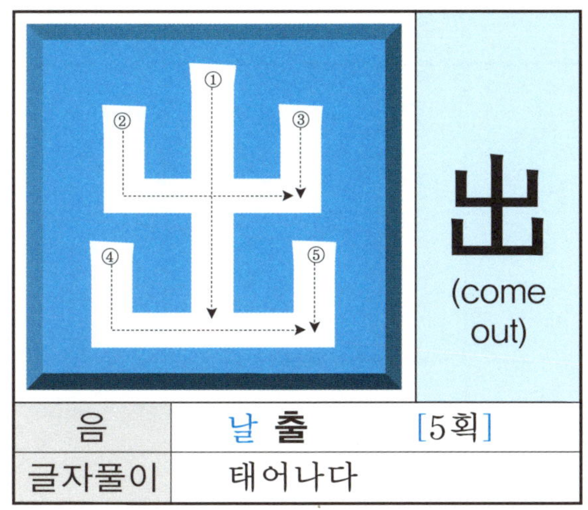

出

(come out)

음	날 **출** [5획]
글자풀이	태어나다

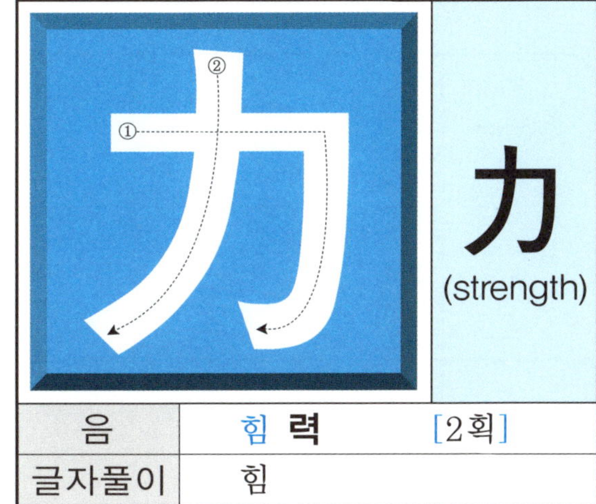

力

(strength)

음	힘 **력** [2획]
글자풀이	힘

소리내어 읽으면서 차례에 맞게 바르게 써 보세요.

出	力	出	力	出	力	出	力

- 出力(출력) : 돈을 내어서 사업을 도움
  원동기 따위가 낼 수 있는 최대의 능력

 소리내어 읽으면서 차례에 맞게 바르게 써 보세요.

出力出力出力出力

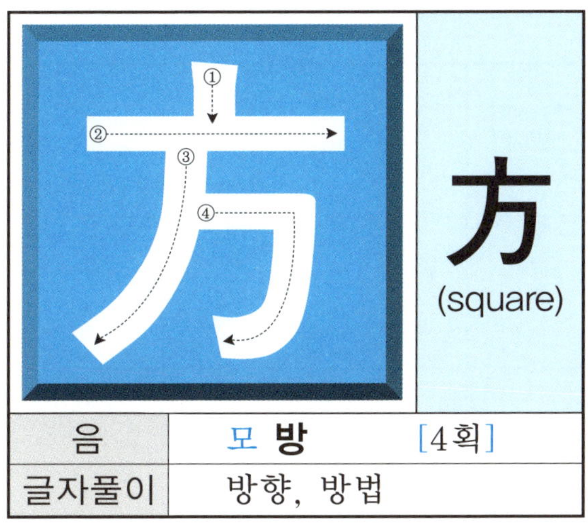

方
(square)

음	모 **방**	[4획]
글자풀이	방향, 방법	

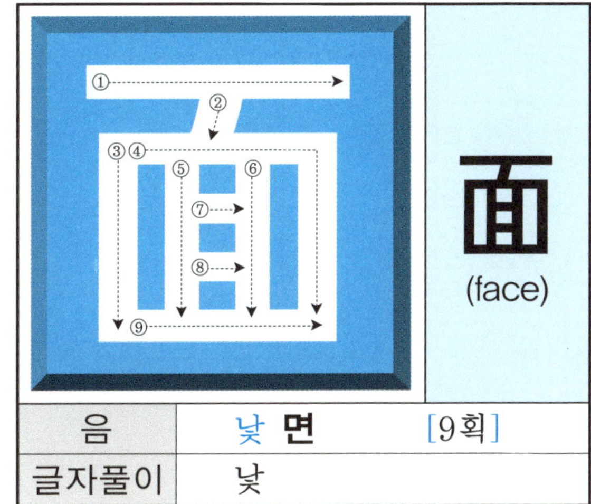

面
(face)

음	낯 **면**	[9획]
글자풀이	낯	

소리내어 읽으면서 차례에 맞게 바르게 써 보세요.

方	面	方	面	方	面	方	面

● 方面(방면) : 어떤 장소나 지역이 있는 방향
● 前方(전방) : 앞을 향한 쪽

 소리내어 읽으면서 차례에 맞게 바르게 써 보세요.

方面 方面 方面 方面

● 方面(방면) : 어떤 장소나 지역이 있는 방향

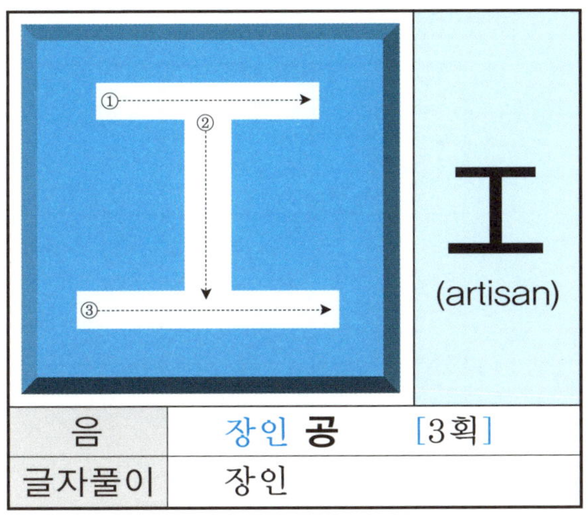

工
(artisan)

음	장인 **공**	[3획]
글자풀이	장인	

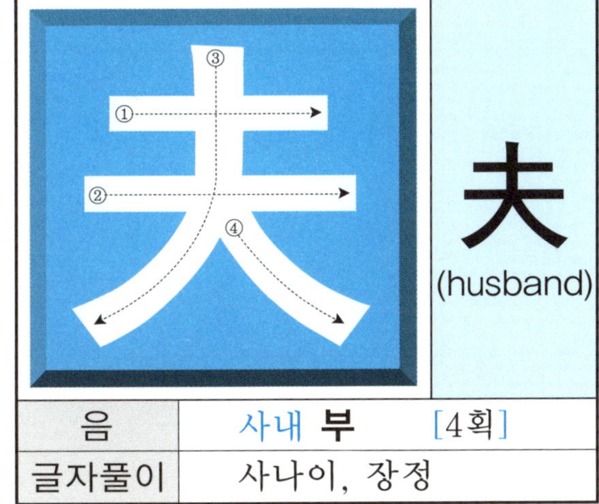

夫
(husband)

음	사내 **부**	[4획]
글자풀이	사나이, 장정	

소리내어 읽으면서 차례에 맞게 바르게 써 보세요.

工	夫	工	夫	工	夫	工	夫

● 工夫(공부) : 학문을 배움

소리내어 읽으면서 차례에 맞게 바르게 써 보세요.

工	夫	工	夫	工	夫	工	夫

- 工夫(공부) : 학문을 배움

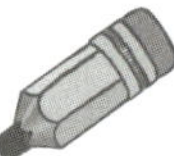

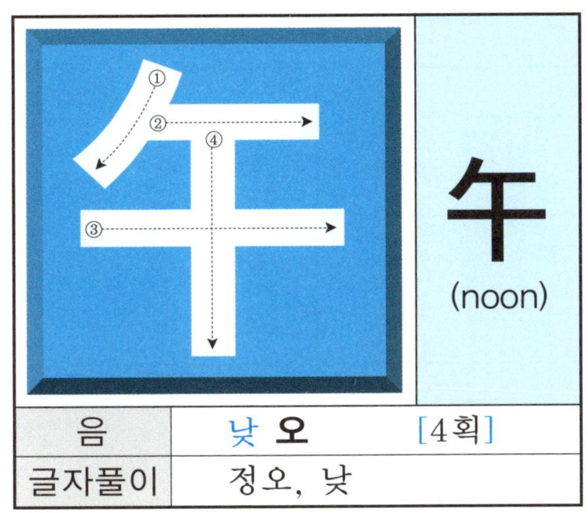

午
(noon)

음	낮 **오**	[4획]
글자풀이	정오, 낮	

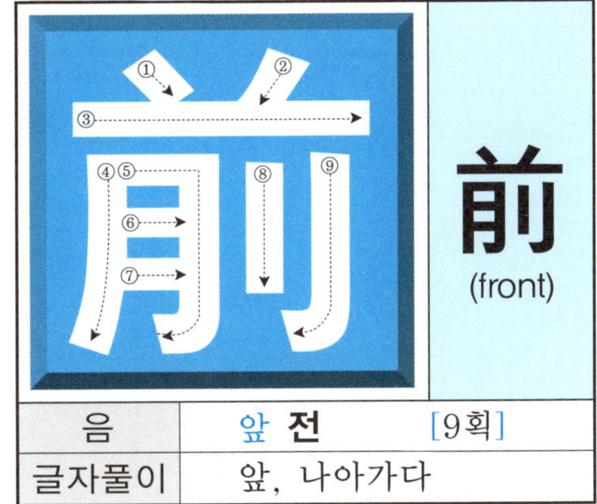

前
(front)

음	앞 **전**	[9획]
글자풀이	앞, 나아가다	

소리내어 읽으면서 차례에 맞게 바르게 써 보세요.

午	前	午	前	午	前	午	前

● 午前(오전) : 밤 12시부터 낮 12시까지의 사이

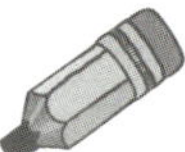 소리내어 읽으면서 차례에 맞게 바르게 써 보세요.

午 前 午 前 午 前 午 前

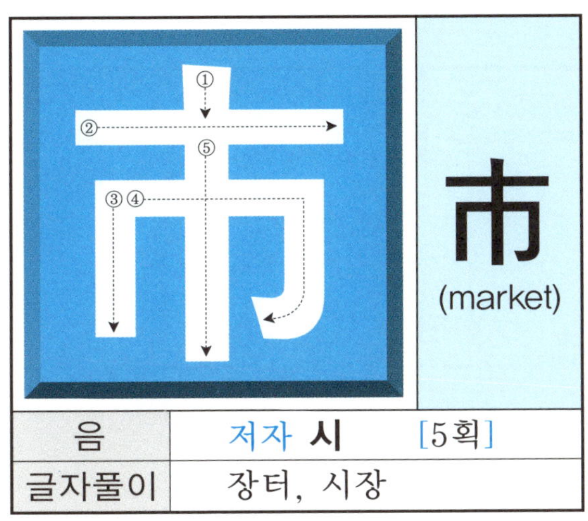

음	저자 **시**	[5획]
글자풀이	장터, 시장	

市
(market)

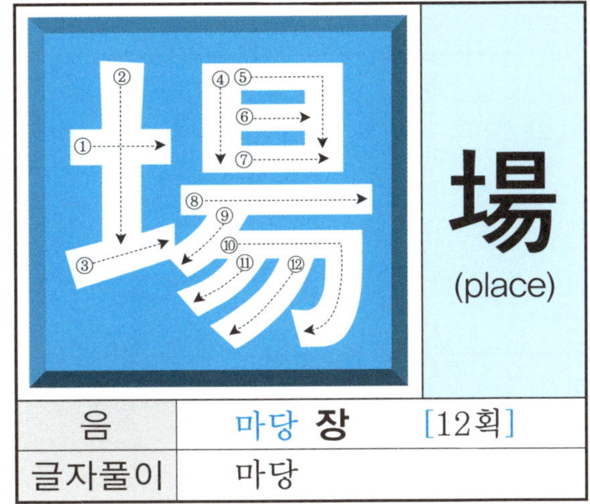

음	마당 **장**	[12획]
글자풀이	마당	

場
(place)

소리내어 읽으면서 차례에 맞게 바르게 써 보세요.

市 場 市 場 市 場 市 場

● 市場(시장) : 상품을 사고 파는 곳

 소리내어 읽으면서 차례에 맞게 바르게 써 보세요.

市 場 市 場 市 場 市 場

● 市場(시장) : 상품을 사고 파는 곳

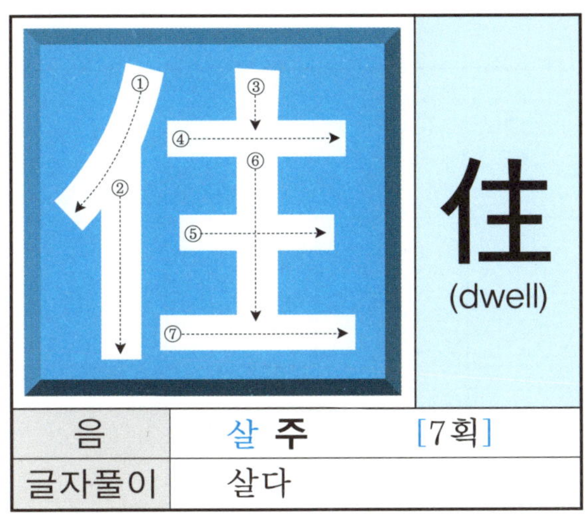

住
(dwell)

음	살 주	[7획]
글자풀이	살다	

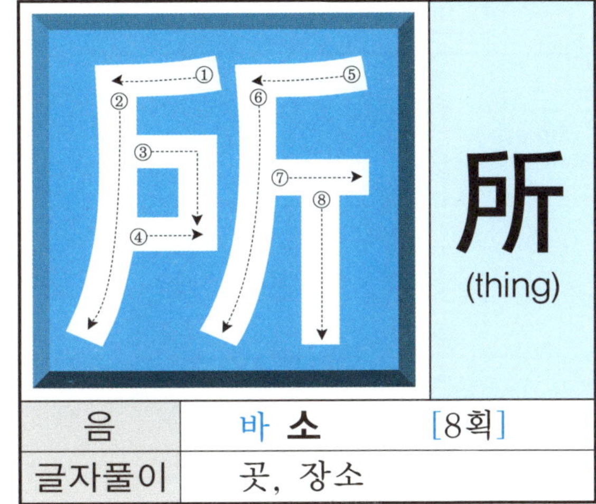

所
(thing)

음	바 소	[8획]
글자풀이	곳, 장소	

 소리내어 읽으면서 차례에 맞게 바르게 써 보세요.

住所 住所 住所 住所

● 住所(주소) : 거주소(居住所), 실질적인 생활의 본거인 장소

 소리내어 읽으면서 차례에 맞게 바르게 써 보세요.

住所住所住所住所

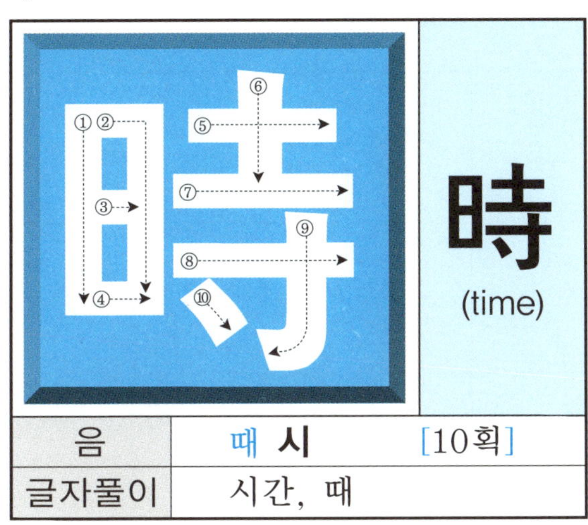

음	때 **시**	[10획]
글자풀이	시간, 때	

時
(time)

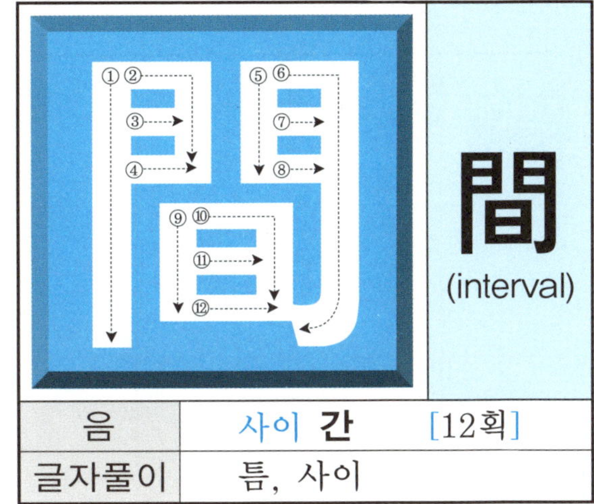

음	사이 **간**	[12획]
글자풀이	틈, 사이	

間
(interval)

소리내어 읽으면서 차례에 맞게 바르게 써 보세요.

時	間	時	間	時	間	時	間

● 時間(시간) : 어떤 시각과 시각과의 사이, 때

 소리내어 읽으면서 차례에 맞게 바르게 써 보세요.

時 間 時 間 時 間 時 間

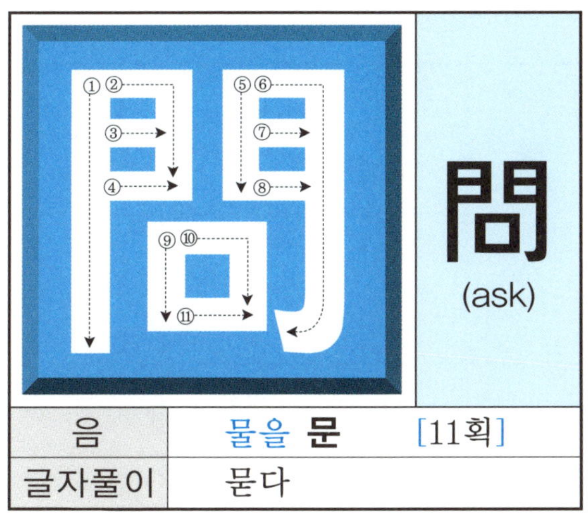

년 월 일 요일 날씨

問

(ask)

음	물을 **문** [11획]
글자풀이	묻다

安

(peaceful)

음	편안 **안** [6획]
글자풀이	편안하다

소리내어 읽으면서 차례에 맞게 바르게 써 보세요.

問 安 問 安 問 安 問 安

- 問安(문안) : 웃 어른에게 안부를 물음

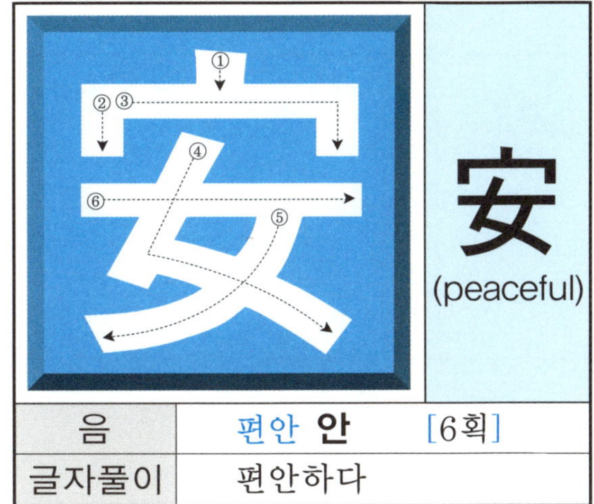

 소리내어 읽으면서 차례에 맞게 바르게 써 보세요.

● 問安(문안) : 웃 어른에게 안부를 물음

년 월 일 요일 날씨

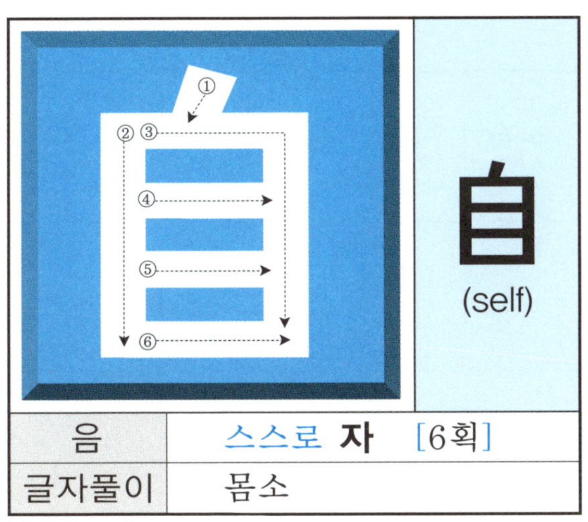

自 (self)

음	스스로 **자** [6획]
글자풀이	몸소

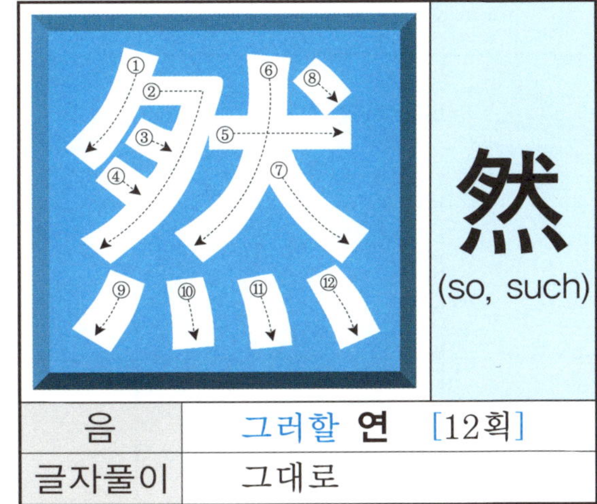

然 (so, such)

음	그러할 **연** [12획]
글자풀이	그대로

소리내어 읽으면서 차례에 맞게 바르게 써 보세요.

自	然	自	然	自	然	自	然

- 自然(자연) : 사람의 힘을 더하지 않은 천연 그대로 상태

 소리내어 읽으면서 차례에 맞게 바르게 써 보세요.

自 然 自 然 自 然 自 然

년 월 일 요일 날씨

左
(left)

음	왼 **좌** [5획]
글자풀이	왼쪽

右
(right)

음	오른 **우** [5획]
글자풀이	오른쪽

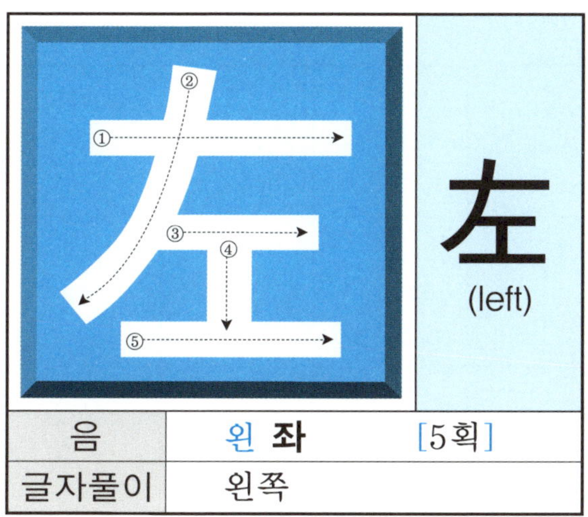

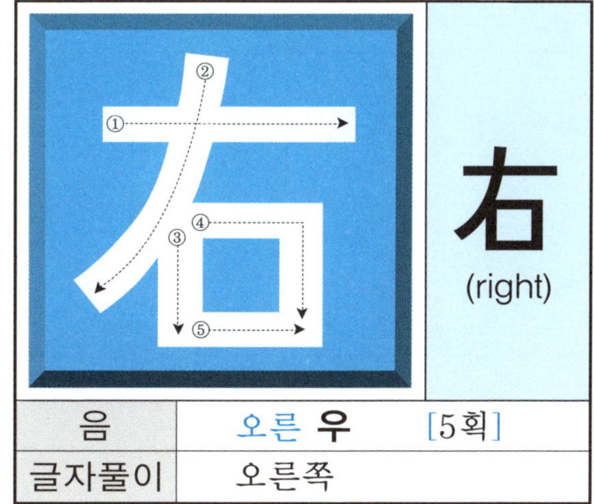

소리내어 읽으면서 차례에 맞게 바르게 써 보세요.

左	右	左	右	左	右	左	右

● 左右(좌우) : 왼쪽과 오른쪽

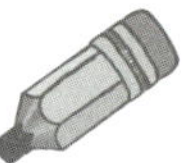
소리내어 읽으면서 차례에 맞게 바르게 써 보세요.

左 右 左 右 左 右 左 右

● 左右(좌우) : 왼쪽과 오른쪽

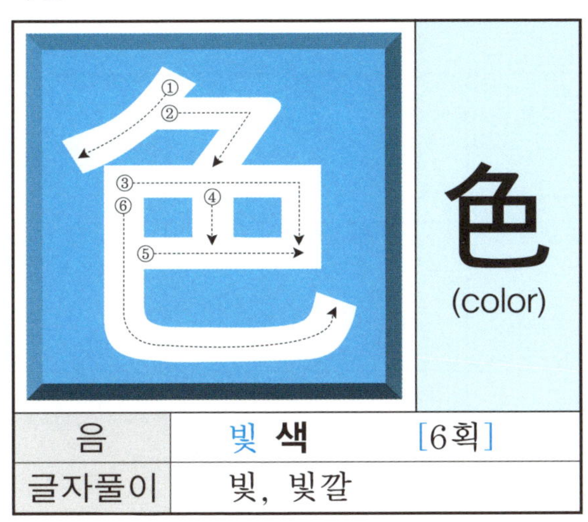

色
(color)

음	빛 **색**	[6획]
글자풀이	빛, 빛깔	

紙
(paper)

음	종이 **지**	[10획]
글자풀이	종이	

 소리내어 읽으면서 차례에 맞게 바르게 써 보세요.

色紙　色紙　色紙　色紙

● 色紙(색지) : 색종이

 소리내어 읽으면서 차례에 맞게 바르게 써 보세요.

色紙 色紙 色紙 色紙

● 色紙(색지) : 색종이

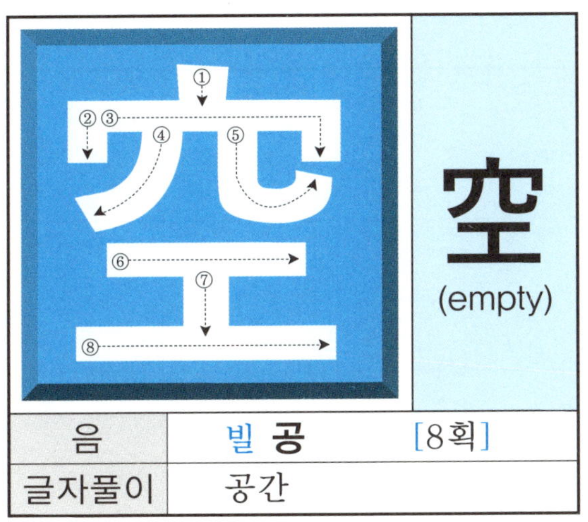

空
(empty)

음	빌 **공**	[8획]
글자풀이	공간	

氣
(vigor)

음	기운 **기**	[10획]
글자풀이	기운	

 소리내어 읽으면서 차례에 맞게 바르게 써 보세요.

空氣空氣空氣空　氣

● 空氣(공기) : 지구를 둘러싸고 있는 무색, 투명, 무취의 기체, 산소, 아르
곤 주위에 감도는 느낌, 상태, 분위기

 소리내어 읽으면서 차례에 맞게 바르게 써 보세요.

空氣空氣空氣空氣

● 空氣(공기) : 지구를 둘러싸고 있는 무색, 투명, 무취의 기체, 산소, 아르
곤 주위에 감도는 느낌, 상태, 분위기

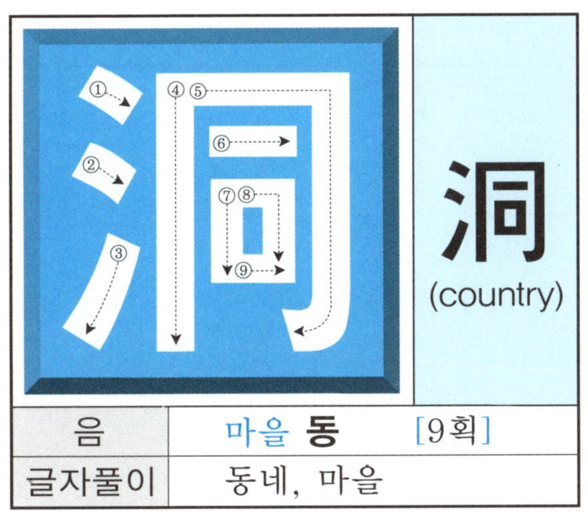

음	마을 **동**	[9획]
글자풀이	동네, 마을	

洞 (country)

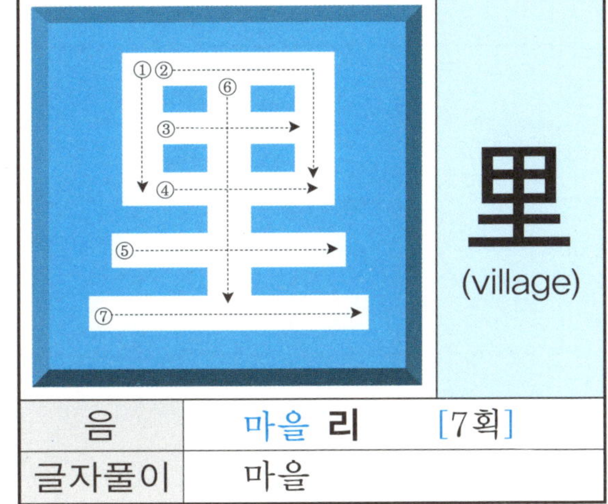

음	마을 **리**	[7획]
글자풀이	마을	

里 (village)

 소리내어 읽으면서 차례에 맞게 바르게 써 보세요.

洞	里	洞	里	洞	里	洞	里

● 洞里(동리) : ①마을 ②지방 행정구역인 동(洞)과 리(里)의 총칭

 소리내어 읽으면서 차례에 맞게 바르게 써 보세요.

洞里洞里洞里洞里

● 洞里(동리) : ①마을 ②지방 행정구역인 동(洞)과 리(里)의 총칭

음	가르칠 **교** [11획]
글자풀이	가르치다

教 (teach)

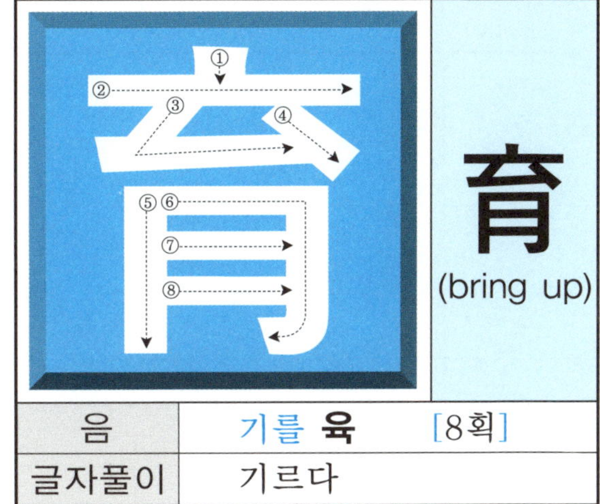

음	기를 **육** [8획]
글자풀이	기르다

育 (bring up)

소리내어 읽으면서 차례에 맞게 바르게 써 보세요.

教	育	教	育	教	育	教	育

● 教育(교육) : 가르치어 기름, 가르치어 지식을 줌

教育教育教育教育

● 教育(교육) : 가르치어 기름, 가르치어 지식을 줌

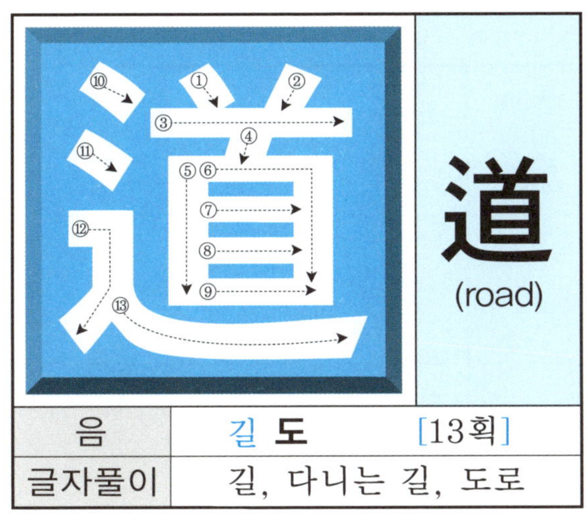

음	길 **도**	[13획]
글자풀이	길, 다니는 길, 도로	

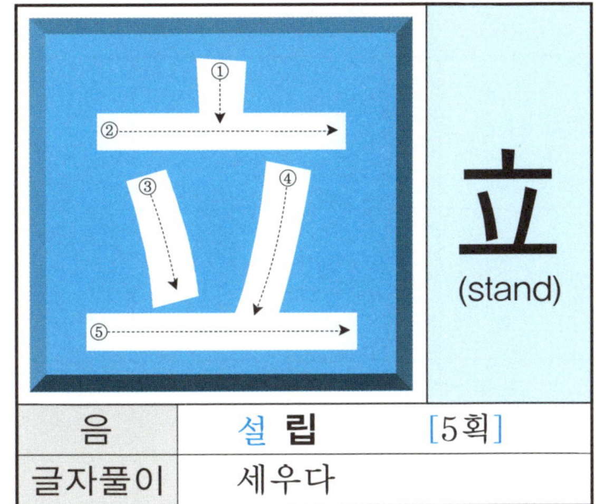

음	설 **립**	[5획]
글자풀이	세우다	

소리내어 읽으면서 차례에 맞게 바르게 써 보세요.

道	立	道	立	道	立	道	立

● 道立(도립) : 시설 따위를 도에서 세워 운영함

 소리내어 읽으면서 차례에 맞게 바르게 써 보세요.

道立道立道立道立

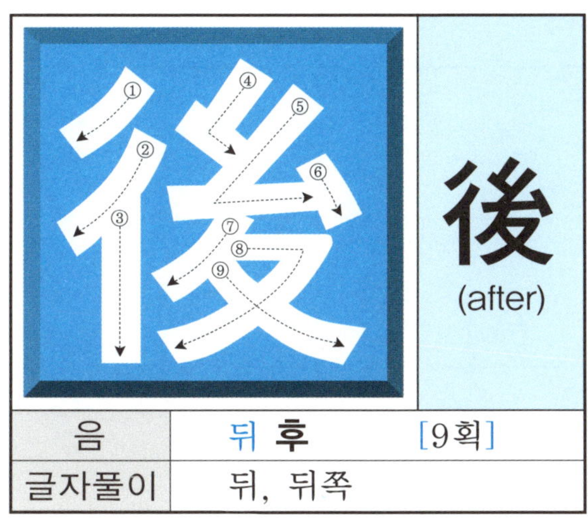

년 월 일 요일 날씨

後

(after)

음	뒤 **후** [9획]
글자풀이	뒤, 뒤쪽

學

(learn)

음	배울 **학** [16획]
글자풀이	배우다

소리내어 읽으면서 차례에 맞게 바르게 써 보세요.

後 學 後 學 後 學 後 學

- 後學(후학) : 장래에 도움이 될 학문. 후진의 학자

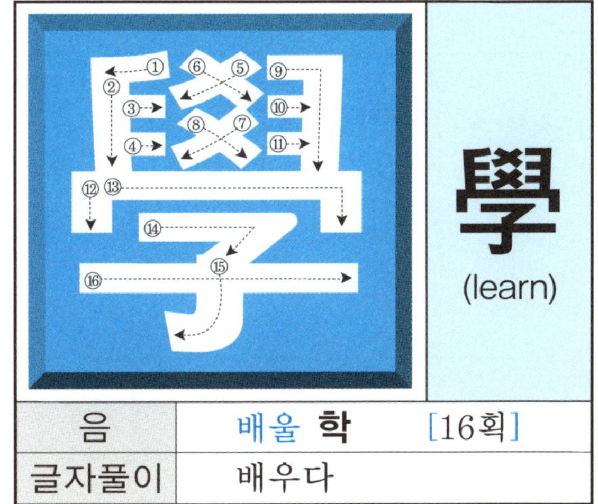

소리내어 읽으면서 차례에 맞게 바르게 써 보세요.

後學後學後學後學

● 後學(후학) : 장래에 도움이 될 학문. 후진의 학자

	음	고을 **읍**	邑			
邑	뜻	고을, 마을				
	획	[7획]				
	영	town				
	음	일백 **백**	百			
百	뜻	숫자 100				
	획	[6획]				
	영	hundred				
	음	노래 **가**	歌			
歌	뜻	노래함				
	획	[14획]				
	영	song				
	음	바다 **해**	海			
海	뜻	바다				
	획	[10획]				
	영	sea				
	음	고을 **읍**				

千	음	일천 **천**	千			
	뜻	일천				
	획	[3획]				
	영	thousand				

林	음	수풀 **림**	林			
	뜻	수풀				
	획	[8획]				
	영	forest				

川	음	내 **천**	川			
	뜻	내, 수류				
	획	[3획]				
	영	stream				

秋	음	가을 **추**	秋			
	뜻	가을				
	획	[9획]				
	영	autumn				

	년	월	일	요일	날씨

冬					
음 겨울 **동**					
뜻 얼어붙다	冬				
획 [5획]					
영 winter					

話					
음 말씀 **화**					
뜻 말하다	話				
획 [13획]					
영 talk					

每					
음 매양 **매**					
뜻 매양(늘)	每				
획 [7획]					
영 every					

直					
음 곧을 **직**					
뜻 바르다	直				
획 [8획]					
영 straight					

음 겨울 **동**

	음	발 족	足			
足	뜻	발				
	획	[7획]				
	영	foot				

	음	살 활	活			
活	뜻	살다, 활기차다				
	획	[9획]				
	영	live				

	음	할아버지 조	祖			
祖	뜻	조상, 할아버지				
	획	[10획]				
	영	grand father				

	음	성 성	姓			
姓	뜻	성, 씨족				
	획	[8획]				
	영	surname				

	음	기 **기**	旗			
旗	뜻	기				
	획	[14획]				
	영	flag				

	음	무거울 **중**	重			
重	뜻	무겁다				
	획	[9획]				
	영	heavy				

	음	있을 **유**	有			
有	뜻	있다				
	획	[6획]				
	영	exist				

	음	올 **래**	來			
來	뜻	오다				
	획	[8획]				
	영	come				

7급 한자능력 실제 출제된 검정시험 문제

1. 다음 漢字語의 讀音을 쓰세요. (1~32)

(1) 教室 [   ]   (2) 日記 [   ]   (3) 電氣 [   ]
(4) 工場 [   ]   (5) 西海 [   ]   (6) 空中 [   ]
(7) 午前 [   ]   (8) 活動 [   ]   (9) 秋夕 [   ]
(10) 孝道 [   ]   (11) 全力 [   ]   (12) 市民 [   ]
(13) 生命 [   ]   (14) 主食 [   ]   (15) 下車 [   ]
(16) 國家 [   ]   (17) 老少 [   ]   (18) 不正 [   ]
(19) 時間 [   ]   (20) 男女 [   ]   (21) 左右 [   ]
(22) 世上 [   ]   (23) 農村 [   ]   (24) 算數 [   ]
(25) 軍旗 [   ]   (26) 千年 [   ]   (27) 西方 [   ]
(28) 萬物 [   ]   (29) 自然 [   ]   (30) 文學 [   ]
(31) 住所 [   ]   (32) 人口 [   ]

정답

1. 교실	2. 일기	3. 전기	4. 공장	5. 서해
6. 공중	7. 오전	8. 활동	9. 추석	10. 효도
11. 전력	12. 시민	13. 생명	14. 주식	15. 하차
16. 국가	17. 노소	18. 부정	19. 시간	20. 남녀
21. 좌우	22. 세상	23. 농촌	24. 산수	25. 군기
26. 천년	27. 서방	28. 만물	29. 자연	30. 문학
31. 주소	32. 인구			

2. 다음 漢字의 訓과 音을 쓰세요. (33~51)

(33) 月 [   ]   (34) 祖 [   ]   (35) 事 [   ]
(36) 活 [   ]   (37) 金 [   ]   (38) 面 [   ]
(39) 立 [   ]   (40) 心 [   ]   (41) 火 [   ]
(42) 冬 [   ]   (43) 王 [   ]   (44) 夫 [   ]
(45) 里 [   ]   (46) 同 [   ]   (47) 川 [   ]
(48) 有 [   ]   (49) 紙 [   ]   (50) 寸 [   ]
(51) 出 [   ]

33. 달 월   34. 할아버지 조 35. 일 사   36. 살 활   37. 쇠 금
38. 얼굴 면 39. 설 립   40. 마음 심 41. 불 화   42. 겨울 동
43. 임금 왕 44. 지아비 부 45. 마을 리 46. 한가지동 47. 내 천
48. 있을 유 49. 종이 지   50. 마디 촌 51. 날 출

3. 다음 漢字語의 뜻을 쓰세요. (52~53)

[보기] 全力 → 모든 힘

(52) 登山 [   ]
(53) 姓名 [   ]

52. 산에 오름   53. 성과 이름

4. 다음 訓과 音에 맞는 漢字를 보기에서 골라 그 番號 를 쓰세요. (54~63)

[보기] ① 洞   ② 話   ③ 紙   ④ 邑   ⑤ 直
        ⑥ 重   ⑦ 靑   ⑧ 育   ⑨ 祖   ⑩ 歌

(54) 무거울 중 [   ]   (55) 말씀 화   [   ]
(56) 노래 가   [   ]   (57) 푸를 청   [   ]
(58) 한가지 동 [   ]   (59) 할아비 조 [   ]
(60) 종이 지   [   ]   (61) 기를 육   [   ]
(62) 곧을 직   [   ]   (63) 고을 읍   [   ]

54. ⑥   55. ②   56. ⑩   57. ⑦   58. ①
59. ⑨   60. ③   61. ⑧   62. ⑤   63. ④

5. 다음 漢字語의 相對語 또는 反對語를 [보기]에서 골라 그 番號 를 쓰세요. (64~66)

[보기] ① 北   ② 後   ③ 兄   ④ 春

(64) [   ] − 弟   (65) [   ] − 先   (66) [   ] − 南

64. ③   65. ②   66. ①

6. 다음 괄호 속에 알맞은 漢字를 [보기]에서 골라 그 番號 를 쓰세요. (67~69)

[보기]　　① 答　　　② 手　　　③ 江　　　④ 地

(67) 天[　　　] : 하늘과 땅　　　　(68) 問[　　　] : 묻고 대답함
(69) [　　　]足 : 손과 발

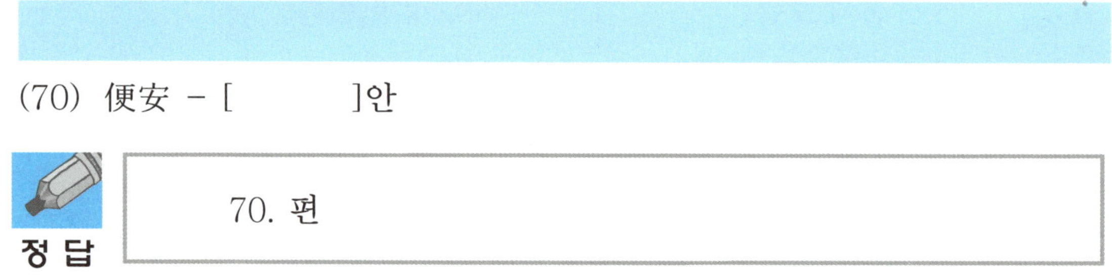

7. 便은 '편' 이라 읽기도 하고, '변' 으로 읽기도 합니다. 다음의 경우는
　어떤 음으로 읽는지 쓰세요.

(70) 便安 – [　　　]안

◆ 합격기준
　7급은 70문제 중 70% 이상 정답이면 합격

漢字

한자능력 검정시험 **7**급 대비

2019년 03월 01일 인쇄
2019년 03월 10일 발행

저 자　편 집 부
발행자　유 건 희
발행처　삼성서관
등 록　제 18-71호(1997. 1. 8)
주 소　서울 중랑구 봉우재로 58길 16
　　　　(망우동 금유빌딩)
전 화　763-1258 / 764-1258

정 가　　7,000원